Endlich Aktien & Börse verstehen

Aktien für Einsteiger: Wie du dir Schritt für Schritt mit Aktien an der Börse ein Vermögen aufbaust

Timo Klein

Sein hart erarbeitetes Geld für nahezu null Zinsen auf dem Sparbuch liegen zu lassen, ist nicht sinnvoll. Das Risiko der Aktienanlage wird häufig überschätzt, obwohl die Börse langfristig enorme Chancen bietet. Wenn du wissen willst, wie du mehr aus deinem Geld machen kannst, ist dieses Buch genau das Richtige für dich.

In diesem Werk erkläre ich dir, wie du dir Schritt für Schritt mithilfe von Aktien ein Vermögen aufbaust. Du wirst die Grundlagen der Börse sowie einen kurzen Überblick über die verschiedenen Anlageformen kennenlernen, bevor wir uns intensiver mit Aktien beschäftigen. Du lernst, wie du vielversprechende Aktien auswählst und welche Strategie am Finanzmarkt die für dich passende ist. Ich zeige dir, wie du dein eigenes Depot eröffnest und darin Aktien kaufst. Du wirst herausfinden, wann es sinnvoll ist, in Aktien zu investieren und wann du lieber abwarten solltest. Zusätzlich stelle ich dir meine enorm wichtigen, goldenen Regeln im Aktienhandel vor und erkläre dir etwas über die Psychologie an der Börse. Nachdem du dieses Buch gelesen hast, wirst du bereit sein, in Aktien zu investieren und dir langfristig ein Vermögen aufzubauen.
Dies ist nicht nur ein reines Sachbuch über Aktien, sondern beinhaltet zusätzlich Informationen über die Psychologie des Menschen und geht tiefgründiger auf die Frage ein, weshalb du mit dem Aufbau deines Vermögens beginnen solltest.

Inhaltsverzeichnis

1 Einleitung

„Manchmal ist es besser, eine Stunde über sein Geld nachzudenken, als eine Woche dafür zu arbeiten."
- André Kostolany.

Im Jahr 2018 gaben 77% der Deutschen an, ihr Vermögen in einem Sparbuch, in Versicherungsverträgen oder in Form von Bargeld zu halten. Nur 16,2% der Deutschen nutzen Aktien oder Aktienfonds für den Vermögensaufbau.[1] Ich habe mir folgende Fragen gestellt: Warum ist das so? Warum machen die Deutschen so wenig aus ihrem hart erarbeiteten Geld? Warum lassen sie es auf dem Sparbuch schmoren, auf dem ihr Vermögen in Wahrheit schrumpft (dazu später mehr), obwohl beispielsweise die Börse so vielfältige Chancen und langfristig eine stabile Rendite von 6,8% bis 10,9% pro Jahr bietet? Wo erhältst du heute noch so viel für dein Geld?

[1] Deutsches Aktieninstitut 2019.

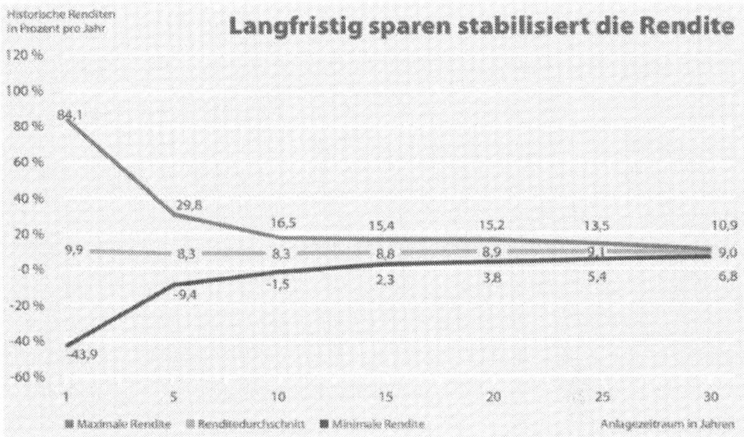

Screenshot Deutsches Aktieninstitut 2019.

Nur 11,1% der 14- bis 39-jährigen Deutschen gaben 2018 an, Aktien zu besitzen.[2] Dabei ist es von enormer Bedeutung, so früh wie möglich mit privaten Investitionen anzufangen, da sich die Aktienanlage besonders langfristig gesehen auszahlt.

Ich denke, dass das Problem lediglich auf einen Informationsrückstand zurückzuführen ist. Die Menschen sind uninformiert, haben Angst vor Verlusten, erhalten von ihren Bankberatern mangelhafte Ratschläge oder wählen schlichtweg eine unpassende Anlagestrategie. Dieses Problem werden wir mithilfe dieses Buches lösen, da ich dir die Welt der Börse und Aktien sowie deren Möglichkeiten und Risiken Schritt für Schritt erklären werde.

[2] Deutsches Aktieninstitut 2019.

Zum Einstieg ein Beispiel aus der Praxis, um die Möglichkeiten zu veranschaulichen. Tom hat im Jahr 2007 zehn Aktien von Amazon zum Kurs von je 52€ gekauft, die er bis 2017 behalten hat. Phil hingegen hat vor zehn Jahren den gleichen Betrag (520€) auf sein Sparkonto gelegt und dieses ebenfalls bis heute dort liegen lassen. Für Phil gab es in den zehn Jahren im Durchschnitt 1,13% Zinsen auf das Guthaben im Sparkonto.[3] Die Zinsen hat Phil sich nicht auszahlen lassen, sondern zusätzlich auf das Sparkonto gelegt und dadurch wieder verzinst. Beim Zinseszins wird das durch Zinsen erhaltene Geld weiterhin angelegt und dem Sparkapital hinzufügt. Die angelegten Zinsen werden daraufhin erneut verzinst. Nach zehn Jahren hat sich Phil mit einem durchschnittlichen Zinssatz von 1,13% so einen Betrag von 582,42€ erspart (Ertrag=62,42€) und eine Gesamtrendite von 12% erzielt.

$$Rendite = \frac{Endkapital - Anfangskapital}{Anfangskapital} * 100$$

Naja, sagen wir so: Diese Variante war wahrscheinlich besser, als das Geld für Zigaretten auszugeben. Aber ist da nicht noch mehr möglich? Vergleichen wir Phils Vorgehen mit dem von Tom, der zehn Aktien von Amazon gekauft hatte. Eine Aktie von Amazon war nach zehn Jahren (2017) 1.100€ wert (mittlerweile circa 1.500€). Aus 520€ sind bei Tom also innerhalb von 10 Jahren 11.000€ geworden (Ertrag=10.480€). Wenn wir die Rendite-Rechnung von oben noch einmal anwenden, kommen wir

[3] www.Statista.de 2019: Entwicklung des durchschnittlichen Zinssatzes für Spareinlagen in Deutschland.

auf eine durchschnittliche Rendite von ca. 35,7% pro Jahr und eine Gesamtrendite von 2.015%.

Wärst du lieber Tom oder Phil?

Natürlich ist ein Unternehmen wie Amazon ein Extrem-Beispiel, da dieses in den letzten Jahren ein enormes Wachstum verzeichnen konnte. Dennoch siehst du an der obigen Abbildung des deutschen Aktieninstituts, dass am Aktienmarkt besonders auf langfristiger Basis sehr gute und stabile Renditen erzielt werden können. Ich kann dir nur einen Tipp geben: Befasse dich so früh wie möglich mit der Börse und Investitionsmöglichkeiten, weil du viel mehr aus deinem Geld machen kannst, als es jahrelang auf einem Sparkonto dahinschmoren zu lassen. Da du diese Worte gerade liest, bist du auf dem richtigen Weg und hast deine erste Investition bereits getätigt - eine Investition in dich selbst und eine erfolgreiche Zukunft.

Das Buch ist für dich geeignet, wenn du wissen möchtest, wie du mehr aus deinem Geld machen kannst, obwohl du noch kein Experte im Finanzsektor bist. Ich helfe dir durch anschauliche Erklärungen, die Börse zu verstehen. Ich zeige dir Möglichkeiten, wie du dein Geld profitabel anlegen kannst und worauf du unbedingt achten solltest. Gerade in Zeiten, in denen der Zins nahe null ist und die Unsicherheit hinsichtlich unserer Rente in Deutschland steigt, ist es sinnvoll und meiner Meinung nach von unschätzbarem Wert, sich so früh wie möglich mit Investitionsmöglichkeiten zu beschäftigen.

- Gesamtrendite Sparkonto der Jahre 2007-2017 Jahre: **12%** (100€ wird zu 112€).
- Gesamtrendite Deutscher Aktienindex 2007-2017: **59,81%** (100€ wird zu 159,81€).[4]

[4] Deutsches Aktieninstitut 2019.

2 Warum du so früh wie möglich beginnen solltest

Warum solltest du so früh wie möglich beginnen? Die Antwort ist einfach: wegen des Zinseszinses. Hierbei fügst du - wie bereits erwähnt - deinem Vermögen, welches weiter verzinst wird, die erhaltenen Zinsen bzw. die Rendite wieder hinzu.

Dazu eine kurze Geschichte, die ich aus dem Buch „Der Weg zur finanziellen Freiheit“ von Bodo Schäfer übernehme.
„Eines Tages ging ein armer Farmer in seine Scheune und fand ein goldenes Ei im Nest seiner Gans. Sein erster Gedanke war: »Da will sich jemand über mich lustig machen.« Aber um sicherzugehen, nahm er das Ei und brachte es zu einem Goldschmied. Dieser prüfte das Ei und teilte dem Farmer mit: »100 Prozent Gold, durch und durch reines Gold.« Der Farmer verkaufte das Ei und ging mit viel Geld nach Hause. Am Abend gab er ein großes Fest. Im Morgengrauen stand die ganze Familie auf, um zu sehen, ob die Gans eventuell noch ein goldenes Ei gelegt hatte. Und tatsächlich, wieder lag ein goldenes Ei im Nest. Von da an fand der Farmer jeden Morgen ein weiteres goldenes Ei, das er verkaufte, und er wurde sehr reich.

Aber der Farmer war ein habgieriger Mann. Er fragte sich, warum die Gans nur ein Ei legte. Und überhaupt wollte er gerne wissen, wie das Tier das machte, um selbst goldene Eier produzieren zu können. Er steigerte sich immer mehr in seine Wut hinein. Schließlich lief er in den Stall und spaltete die Gans mit einem Buschmesser in zwei Hälften. Alles, was er fand, war ein halbes, in der Entstehung begriffenes Ei. Und die Moral von der Geschicht': Töte deine Gänse nicht."[5]

Die meisten Menschen handeln wie der Farmer in der Geschichte. Die Gans verkörpert das Kapital und die goldenen Eier die Zinsen. Ohne Gans gibt es keine goldenen Eier und ohne Kapital gibt es keine Zinsen. Die meisten Menschen geben ihr Einkommen direkt aus, weshalb sie niemals eine Gans züchten können.

Dazu möchte ich dir ein kurzes Beispiel vorstellen - nehmen wir noch einmal Tom und Phil. Beide beschließen, pro Monat 300€ zu investieren. Sie investieren in die gleichen Wertpapiere und Fonds, womit beide eine durchschnittliche prozentuale Rendite von 8,3% erzielen (bei durchschnittlicher Rendite für zehn Jahre Aktienanlage aus der obigen Abbildung). Tom startet im Alter von 20 Jahren, investiert monatlich 300€ und hört nach zehn Jahren - im Alter von 30 Jahren - damit auf, das Geld zu investieren. Er lässt es einfach in seinen Anlageformen liegen und weiter verzinsen. Tom hat also in zehn Jahren insgesamt 36.000€ gespart und investiert. Sein Geld hat sich jedes Jahr mit 8,3% verzinst. Was denkst du, wie hoch das Vermögen von Tom im Alter von 67 Jahren ist? Obwohl

[5] Bodo Schäfer in: Der Weg zur finanziellen Freiheit.

er ab dem dreißigsten Lebensjahr keinen Cent mehr investiert und das Geld einfach in Aktien liegen lassen hat, hat Tom im Alter von 67 Jahren ein Vermögen von 1.055.805€. Um es noch einmal in Worten zu sagen: über eine Millionen Euro.

Phil investiert ebenfalls 300€ pro Monat, fängt jedoch erst im Alter von 30 Jahren damit an. Er investiert, anders als Tom, monatlich 300€, bis er 67 Jahre alt ist. Sein Geld verzinst sich ebenfalls mit 8,3%. Das Resultat? Obwohl Phil 37 Jahre kontinuierlich investiert hat, besitzt er mit 67 Jahren ein Vermögen von „nur“ 820.362€.
Das ist die Macht des Zinseszinses. Toms Vermögen vermehrt sich ab dem dreißigsten Lebensjahr alleine durch den Zinseszins. Mit 67 Jahren erhält er auf sein Vermögen bei der gegebenen Rendite innerhalb eines Jahres 87.631€ Zinsen. Wie du siehst, macht es also Sinn, so früh wie möglich mit dem Investieren zu beginnen. Solche Modelle kannst du dir problemlos auf der Website www.zinsen-berechnen.de selbst ausrechnen. Probiere es einfach mal aus.

In der folgenden Tabelle siehst du, was aus einem Kapital von 5.000€ wird, wenn du es bei gegebenem Zinssatz liegen und den Zinseszins walten lässt:

		Rendite					
		5%	8%	10%	12%	15%	20%
Jahre	0	5.000 €	5.000 €	5.000 €	5.000 €	5.000 €	5.000 €
	1	5.250 €	5.400 €	5.500 €	5.600 €	5.750 €	6.000 €
	2	5.513 €	5.832 €	6.050 €	6.272 €	6.613 €	7.200 €
	3	5.788 €	6.299 €	6.655 €	7.025 €	7.604 €	8.640 €
	4	6.078 €	6.802 €	7.321 €	7.868 €	8.745 €	10.368 €
	5	6.381 €	7.347 €	8.053 €	8.812 €	10.057 €	12.442 €
	6	6.700 €	7.934 €	8.858 €	9.869 €	11.565 €	14.930 €
	7	7.036 €	8.569 €	9.744 €	11.053 €	13.300 €	17.916 €
	8	7.387 €	9.255 €	10.718 €	12.380 €	15.295 €	21.499 €
	9	7.757 €	9.995 €	11.790 €	13.865 €	17.589 €	25.799 €
	10	8.144 €	10.795 €	12.969 €	15.529 €	20.228 €	30.959 €
	15	10.395 €	15.861 €	20.886 €	27.368 €	40.685 €	77.035 €
	20	13.930 €	25.169 €	37.001 €	54.019 €	94.108 €	230.026 €
	25	18.667 €	39.940 €	65.550 €	106.624 €	217.677 €	686.853 €
	30	25.016 €	63.380 €	116.126 €	210.458 €	503.499 €	2.050.931 €
	35	33.524 €	100.576 €	205.724 €	415.406 €	1.164.624 €	6.124.048 €
	40	44.925 €	159.602 €	364.452 €	819.938 €	2.693.846 €	18.286.310 €
	45	60.204 €	253.269 €	645.650 €	1.618.412 €	6.231.030 €	54.602.629 €
	50	80.679 €	401.906 €	1.143.808 €	3.194.459 €	14.412.752 €	163.042.576 €

Ein weiterer Grund dafür, dass du so früh wie möglich mit dem Investieren beginnen solltest, ist die drohende Altersarmut. Der Generationenvertrag kann jüngeren Generationen noch teuer zu stehen kommen, da die demografische Entwicklung zu enormen Problemen in Deutschlands Rentensystem führen wird. Die Zahl der Erwerbstätigen geht stetig zurück, während die Zahl der Rentenbezieher zunimmt. Dass eine solche Rechnung auf Dauer nicht aufgehen kann, sieht auch jemand, der nicht Mathematik studiert hat.

In der nachfolgenden Abbildung siehst du die Bevölkerungspyramide Deutschlands aus dem Jahr 2019. Zu erkennen ist, dass bald eine Vielzahl von Menschen (Jahrgang 1950 - 1970) - die sogenannten Babyboomer - in Rente gehen. Die Rentenzahlungen dieser Menschen werden dann durch die sich im Arbeitsleben befindenden Menschen bezahlt (das ist grob gesagt das, was der Generationenvertrag aussagt).[6]

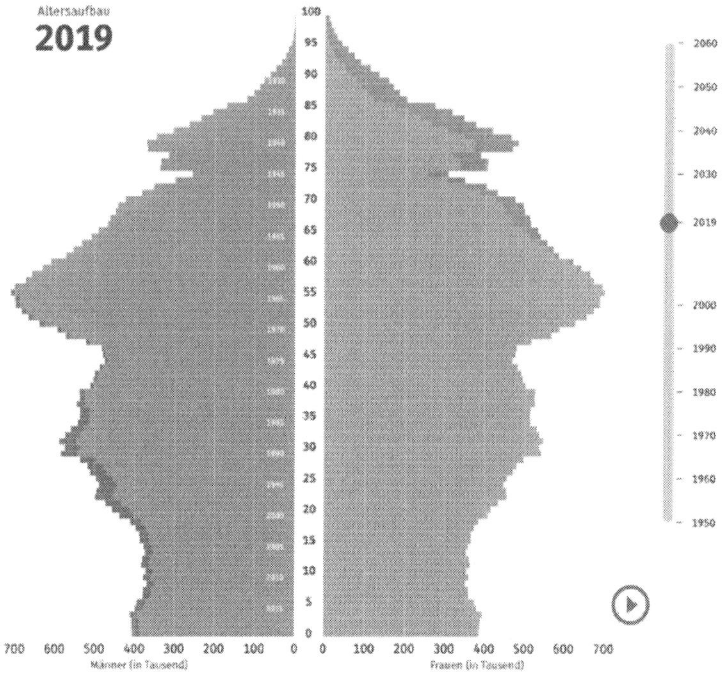

Screenshot Statistisches Bundesamt 2019.

Wenn dieser Trend anhält, die Menschen immer älter werden und gleichzeitig früher in Rente gehen wollen, zusätzlich aber immer weniger junge Leute immer mehr Rentner finanzieren müssen, gibt es nur wenige Lösungen für dieses Problem. Die Politik hat im Grunde genommen nur drei Einflussfaktoren: das Rentenalter, den Rentenbeitrag und das

[6] Definition Generationenvertrag: https://wirtschaftslexikon.gabler.de/definition/generationenvertrag-34055.

Rentenniveau. Alle drei Stellschrauben hätten negative Auswirkungen auf die Laune der Bevölkerung. Das Rentenalter zu erhöhen, ist unbeliebt. Den Rentenbeitrag zu erhöhen, ist unbeliebt. Das Rentenniveau zu verringern, ist unbeliebt. Schließlich will nahezu jeder Bürger so früh wie möglich in Rente gehen, möglichst geringe Rentenbeiträge zahlen und dabei stattliche Rentenauszahlungen im Alter erhalten. Ich behaupte nicht, ein Experte auf diesem Gebiet zu sein, aber dass diese Rechnung nicht aufgeht, sollte offensichtlich sein.

Was können wir also tun? Richtig, wie in Toms Beispiel früh anfangen zu investieren, den Zinseszins nutzen und dir ein Vermögen aufbauen, von dem du auch im Alter gut leben kannst. Dabei helfe ich dir mit diesem Buch.

„Wenn man ein Wozu des Lebens hat, erträgt man jedes Wie.“
- Friedrich Nietzsche

Bevor du mit dem Vermögensaufbau beginnst, solltest du dir also im Klaren darüber sein, wozu du es machst. Das gilt nicht nur für die Geldanlage. Egal welches Projekt du startest: Dein 'Warum' sollte klar definiert sein.
Startest du, weil du einen besonderen Sinn in deiner Aufgabe siehst? Weil du im Alter ein erfülltes Leben führen möchtest? Weil du um die Welt reisen oder einen Sportwagen kaufen willst? Weil du die finanzielle Unabhängigkeit erreichen willst? Weil du deiner Familie, deinen Eltern

oder Kindern ein noch schöneres Leben ermöglichen willst? Weil du Menschen, die unter schwierigen Umständen aufgewachsen sind oder unter Hunger leiden müssen, ein besseres Leben ermöglichen möchtest?

Egal welches "Warum" dich antreibt, unsere Motivation muss langfristig stärker sein, als die kurzfristige Befriedigung und der Reiz, uns mit weniger zufrieden zu geben oder aufzugeben. Wir sollten mit den Ausreden, die uns im Weg stehen, aufhören. Viele Menschen behaupten, sie hätten ja gar keine Zeit, das Investieren richtig zu lernen. Ist das die Wahrheit? Sollten diese Menschen sich selbst gegenüber nicht ehrlich sein und sich eingestehen, dass es oftmals eine Ausrede ist, da ihnen die Motivation fehlt, sich mit diesem Thema auseinanderzusetzen? Und das, obwohl unsere Finanzen und der Vermögensaufbau besonders in Zeiten der Nullzins-Politik so enorm wichtige Bereiche unseres Lebens sind, da wir auf dem Sparkonto so gut wie nichts mehr für unser Geld erhalten. Wäre es nicht aufrichtiger, wenn diese Menschen zu sich selbst sagen würden, dass sie einfach nicht bereit sind, mehr Zeit für dieses Thema aufzubringen?

„Es ist nicht zu wenig Zeit, die wir haben, sondern es ist zu viel Zeit, die wir nicht nutzen."

- Lucius Annaeus Seneca

Hören wir auf mit den Ausreden. Kümmern wir uns nun um einen der bedeutendsten Bereiche unseres Lebens: unsere Finanzen. Und jetzt raus aus dem Sparbuch und rauf aufs Börsenparkett - legen wir los!

3 Grundlagen der Börse

3.1 Was ist eigentlich die Börse?

Man kann die Börse im Grunde genommen mit einem Wochenmarkt vergleichen. Wenn ein Händler auf dem Markt besonders hochwertige Hüte anbietet, hat er eine erhöhte Nachfrage, da mehr Menschen seine Hüte aufgrund der guten Qualität kaufen möchten. Durch diese erhöhte Nachfrage ist es ihm möglich, auch die Preise etwas höher anzusetzen. Gleichzeitig muss ein Händler, der tendenziell schlechtere Hüte anbietet, seinen Preis niedriger setzen, damit er sie trotzdem noch verkaufen kann. Angebot (Händler) und Nachfrage (Käufer) bestimmen also den Preis. Das gleiche Prinzip herrscht auch an der Börse, nur dass dort keine Hüte verkauft werden, sondern beispielsweise Anteile an Unternehmen und andere Finanzprodukte. Die Börse ist also der Marktplatz, an dem Angebot und Nachfrage für Wertpapiere aufeinandertreffen. Steigt die Nachfrage nach der Aktie eines Unternehmens, so steigt auch der Preis. Umgekehrt fällt der Preis einer Aktie, falls die Nachfrage sinkt. Leute wie du und ich können sich so an der wirtschaftlichen Entwicklung von Unternehmen beteiligen.

Bei der Börse musst du nicht an einen bestimmten Ort fahren und dir dort die Wertpapiere kaufen, da du alles bequem über das Internet ausführen kannst. Das Geschehen hat sich also etwas verändert und spielt sich nicht mehr so wie im Film "The Wolf of Wall Street" ab, in dem lästige Börsenhändler mögliche Kunden persönlich anrufen und überteuerte Aktienpakete per Kaltakquise verkaufen. Der Film ist trotz dessen sehr empfehlenswert.

Nice to know:

- Das Wort Börse leitet sich aus dem Lateinischen Wort „Bursa“ ab, was so viel heißt wie Geldbeutel.
- Die erste Börse wurde 1409 in Brügge gegründet.

3.2 Die Aufgaben der Börse

Wie bereits im ersten Kapitel angesprochen, fungiert die Börse als Vermittler und bringt Angebot und Nachfrage zusammen. Zusätzlich ist die Börse ein Anbieter von Plattformen, auf denen der Handel stattfinden kann. Wertpapiere sollen möglichst unkompliziert gekauft und verkauft werden. Die Börse stellt für Anleger eine Transparenz durch Bereitstellung von Informationen über Preise, Produkte und Umsätze sicher. Dazu werden beispielsweise die Zahlen grafisch dargestellt und im Sekundentakt veröffentlicht, wodurch letztendlich ein Aktienkurs entsteht.

Eine weitere Aufgabe der Börsen ist die Prüfung und Zulassung von Neuemissionen zum Börsenhandel. Eine Neuemission, auch als IPO (Initial Public Offering) bezeichnet, ist die erstmalige Platzierung eines Wertpapiers eines Unternehmens am Kapitalmarkt. Wenn also eine Firma das erste Mal Unternehmensanteile an der Börse anbieten möchte, spricht man von einer Neuemission. Warum ein Unternehmen das macht, klären wir in Kapitel 5.

Um einen transparenten und fairen Handel zu garantieren, gibt es festgelegte Regularien und Organisationen, die den Handel an der Börse prüfen. An dieser Marktaufsicht sind mehrere Institutionen beteiligt, wie beispielsweise die Handelsüberwachungsstelle (HÜSt). Die HÜSt überwacht den Börsenhandel und die Geschäftsabwicklung. Die Börsenaufsichtsbehörde ist für Einhaltung von börsenrechtlichen Vorschriften und die Ordnungsmäßigkeit des Börsenbetriebs zuständig.[7] Die BaFin (Bundesanstalt für Finanzdienstleistungsaufsicht) kontrolliert die Finanzmärkte Deutschlands und versucht Verstöße - wie Geldwäsche und Marktmanipulation - zu verhindern, wodurch faire Handelsbedingungen geschaffen werden sollen.[8]

[7] https://www.boersennews.de/lexikon/begriff/handelsueberwachungsstelle-huest/519/
[8] https://www.bafin.de/DE/Service/TopNavigation/LeichteSprache/Aufgaben/aufgaben_artikel.html

3.3 Verschiedene Börsenplätze und deren Handelszeiten

Es gibt eine Hand voll bedeutender Börsenplätze rund um den Globus, welche in diesem Kapitel kurz genannt werden. Die bedeutendste in Deutschland ist die Börse Frankfurt am Main mit ihrer elektronischen Handelsplattform Xetra, gefolgt von der Stuttgarter Börse. Die größte und älteste Börse Europas ist in London ansässig (London Stock Exchange) und ebenfalls sehr bedeutend für den Weltmarkt. Die weltweit wichtigste und größte Börse ist die New York Stock Exchange (NYSE), die sich auf der Wall Street befindet. Ebenfalls von großer Bedeutung ist die NASDAQ, die größte elektronische Börse in den USA. Weitere wichtige Börsenplätze befinden sich in asiatischen Großstädten wie Tokio, Shanghai und Hongkong. Über das Internet kannst du an jeder Börse handeln. Du bist also nicht gezwungen, deine Aktien an der Börse Frankfurt zu kaufen, sondern kannst auch mit Wertpapieren, die an der Wall Street gelistet sind, handeln.

Bezüglich der Handelszeiten sind folgende zwei Punkte zu beachten:

1. Die Eröffnungs- und Schlussphasen können an der Börse turbulent sein und es treten häufig höhere Schwankungen auf.

2. Die Zeiten, an denen sich die Öffnungszeiten der Börsen überschneiden, herrscht ein hohes Handelsvolumen und eine hohe Volatilität.[9] Wenn beispielsweise um 15:30 Uhr deutscher Zeit die Börsen in Frankfurt und London bereits geöffnet sind und die Wall Street gerade öffnet, wechseln viele Wertpapiere durch ein hohes Handelsvolumen den Besitzer.

In der folgenden Abbildung siehst du die Öffnungszeiten von wichtigen Börsenplätzen rund um den Globus.

Handelsplatz	**Handelszeiten**
Xetra	09:00 - 17:30 Uhr
Frankfurt	08:00 - 22:00 Uhr
Stuttgart	08:00 - 22:00 Uhr
Tradegate	08:00 - 22:00 Uhr
Lang & Schwarz	07:30 - 23:00 Uhr
London Stock Exchange	09:00 - 17:30 Uhr
NYSE Euronext Amsterdam	09:00 - 17:30 Uhr
NYSE Euronext Brüssel	09:00 - 17:30 Uhr
NYSE Euronext Paris	09:00 - 17:35 Uhr
NYSE Euronext Lissabon	09:00 - 17:30 Uhr
SIX Swiss Exchange	09:00 - 17:30 Uhr
Wiener Börse	08:55 - 17:35 Uhr
Mailand	09:00 - 17:40 Uhr
Madrid	09:00 - 17:30 Uhr
New York Stock Exchange	15:30 - 22:00 Uhr
Nasdaq	15:30 - 22:00 Uhr
Shanghai Stock Exchange	02:30 - 08:00 Uhr

Eigene Darstellung, Daten entnommen aus: https://www.boerse.de/handelszeiten/.

[9] Volatilität ist das Ausmaß der Schwankung von Aktienkursen innerhalb einer kurzen Zeitspanne.

3.4 Was ist ein Index?

Indizes spielen in der Wirtschaftswelt eine enorm große Rolle, da sie auf einen Blick die Entwicklung ganzer Volkswirtschaften oder Branchen darstellen. Ein Index ist ein Indikator für eine bestimmte ökonomische Veränderung im Zeitverlauf und zeigt als Börsenbarometer an, ob sich ein Markt nach oben oder unten bewegt. Indizes bestehen aus mehreren Unternehmen. Die Zusammensetzung dieser Unternehmen soll den Markt so abbilden, dass die gesamte Entwicklung - beispielsweise eines Landes - widergespiegelt wird. Ein dir wahrscheinlich bekanntes Beispiel ist der DAX (Deutscher Aktienindex). Der DAX ist der wichtigste deutsche Index. Er bildet die Entwicklung der 30 größten deutschen Unternehmen nach Marktkapitalisierung (Wert des Unternehmens) und deren Umsatz ab. Möchtest du wissen, wie sich der Großteil des deutschen Aktienmarktes entwickelt, kannst du das mit einem Blick auf den DAX sofort tun. Wenn du jetzt gerade ins Internet gehst und dort steht, dass der DAX heute um 5% abgerutscht ist, solltest du deine Sachen packen und Deutschland schleunigst verlassen. Nein Spaß, so schlimm ist es dann doch nicht - jedoch steigt natürlich die Unsicherheit an den Börsen, wenn es hohe Kursverluste gibt. Es gibt viele Privatanleger, die auf eine solche Welle aufspringen und viele ihrer Aktien ebenfalls auf den Markt werfen. Dazu kann ich nur sagen: Es gibt keinen Grund zur Panik. Die Märkte gehen auch wieder rauf. Du solltest dich nicht so einfach beeinflussen lassen und wenn du von deinen Investments überzeugt bist, solltest du sie nicht für einen Spottpreis zum Verkauf anbieten, sondern eher günstig nachkaufen, falls fundamental alles stimmig ist. Dazu aber später mehr.

Die Berechnung der Indizes ist recht komplex, du kannst dir einen Index wie einen Topf vorstellen, in dem sich eine gewisse Anzahl an Unternehmen befindet. Im Topf haben jedoch nicht alle Unternehmen das gleiche Gewicht, da es kleinere und größere Unternehmen gibt. Daher werden einzelne Unternehmen mit ihrem aktuellen Börsenwert (Marktkapitalisierung) in einem Index so gewichtet, dass die großen Unternehmen einen größeren Einfluss auf den Index haben als die kleineren.

Der DAX ist nicht der einzige Index in Deutschland. Weitere bedeutende Indizes sind der MDAX, SDAX und der TecDAX. Im **MDAX** befinden sich die 60 größten deutschen Unternehmen nach den 30 größten aus dem DAX - also die Plätze 31 bis 90. In diesem Index sind viele Autozulieferer, Maschinenbauer, Versicherer und Chemie- sowie Medienfirmen beheimatet. Hier findest du oft Aktien mit einer hohen Rendite. Der **SDAX** enthält die darauffolgenden 70 größten Unternehmen - also die Plätze 91 bis 160. In diesem Index sind vor allem erfolgreiche Mittelständer und Nischenanbieter vertreten, die oft flexibel auf Konjunkturzyklen reagieren können. Der **TecDAX** enthält die 30 wichtigsten deutschen Technologie- und Zukunfts-Aktien. Hier sind besonders Unternehmen aus den Bereichen Hightech, Biotechnologie, Software und Internet gelistet.

In den deutschen Nebenindizes findest du viele Perlen des Mittelstandes und es lohnt sich auf alle Fälle, diese Indizes näher unter die Lupe zu nehmen.

Übersicht über die weltweit wichtigsten Indizes:

- **USA**: Dow Jones *(30 größte US-Unternehmen)*
  S&P500 *(500 größte US-Unternehmen der amerikanischen Wirtschaft)*
  NASDAQ100 *(100 größte Technologie-Unternehmen der USA)*
- **Deutschland**: DAX
- **Japan**: Nikkei225
- **China**: SSE Composite
- **Hongkong**: Hang Seng
- **Kanada**: S&P/TSX Composite
- **Großbritannien**: FTSE100
- **Frankreich**: CAC40
- **Schweiz**: SMI
- **Spanien**: IBEX35

- **Welt**: MSCI World *(größte Unternehmen der Industrieländer)*
  MSCI Emerging Markets *(Unternehmen der*

wichtigsten Schwellenländer)
MSCI All Country World *(sowohl Industrieländer als auch Schwellenländer)*

- **Europa**: Euro Stoxx 50 *(50 größte Unternehmen der Eurozone)*
  Euro Stoxx 600 *(600 Unternehmen aus 18 europäischen Ländern)*

Nice to know:

- Der TecDAX hieß früher Nemax und läuft offiziell seit 2003 unter dem Namen TecDAX.
- Der DAX wurde im Jahr 1988 eingeführt und setzt die Geschichte vom Index der Börsen-Zeitung fort, welcher bis ins Jahr 1959 zurückgeht.

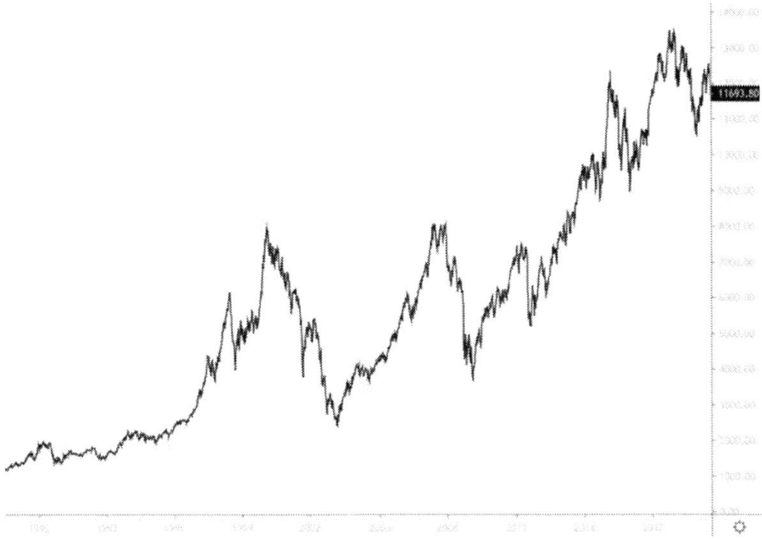

Die Performance des DAX seit 1988.

3.5 Drei Mythen über die Börse

1. „Börse ist nur was für die Reichen"

Ob du reich bist, spielt an der Börse überhaupt keine Rolle. Dein eingesetztes Kapitel hat keinen Einfluss auf den Erfolg, den du an der Börse haben wirst. 5% Rendite sind 5% Rendite. Wichtig ist nur deine Anlagestrategie und das vorherige Wissen, das du dir angeeignet hast (du bist gerade dabei - sehr gut!). Absolut betrachtet ist es natürlich einfacher, mit 100.000€ Startkapital 100€ Gewinn zu erwirtschaften (=0,1%), als mit einem Startkapital von 1.000€ (=10%). Doch jeder hat mal klein angefangen und es ist besser, so früh wie möglich anzufangen, anstatt sich erst 10.000€ zusammen zu sparen und dann mit dem Investieren zu beginnen. Zu diesem Thema folgen im Buch noch einige Beispiele.

2. „Die Börse ist doch nur Glücksspiel“

Nein, die Börse ist **kein** Casino. An der Börse „zocken“ nur diejenigen, die keine Ahnung von dem haben, was sie tun. Wenn man sich Wissen angeeignet, eine zum Risikoprofil geeignete Strategie gefunden und sich mit den Unternehmen, an denen man beteiligt sein möchte, auseinandergesetzt hat und versteht was diese Unternehmen machen, ist die Börse alles andere als ein Glücksspiel.
Natürlich weiß niemand wie die Zukunft aussieht. Natürlich kann man nicht mit hundertprozentiger Sicherheit sagen, dass es Firmen wie Amazon in zehn Jahren noch gibt. Vielleicht gibt es bald einen Anbieter, der die Branche noch einmal revolutioniert, alles besser macht und Amazon so vom Markt drängt. Wenn man sich aber informiert und mit den Unternehmen beschäftigt, kann man die Wahrscheinlichkeit für ein solches Szenario sehr gut abschätzen. Und außerdem kann man dann wieder am neuen, aufsteigenden Unternehmen teilhaben.

3. „Das Sparkonto ist sicherer als die Börse“.

Die Einlagen auf dem Sparkonto sind ziemlich wahrscheinlich bei dir gesichert, ja. Die traurige Wahrheit ist jedoch, dass du - falls du gerade Geld auf dem Sparkonto liegen hast - in Wahrheit Geld verlierst, obwohl du doch eine geniale Rendite von 0,5% pro Jahr von der Bank erhältst. „Was zum Teufel geht denn bitte jetzt ab?“ denkst du dir vielleicht gerade.

Lass es mich so kurz wie möglich erklären: Die Inflation ist dein Endgegner. Was ist die Inflation? Inflation bezeichnet die Geldentwertung durch Preissteigerungen. Das bedeutet, dass du dir für das gleiche Geld weniger leisten kannst, als vor beispielsweise fünf Jahren - deine Kaufkraft sinkt. Hast du schon mal von deinem Vater oder Großvater den Spruch gehört: „Was?! Eine Kugel Eis für 1,20€? Dafür konnte ich mir mal zwei Kugeln Eis kaufen!“ Das ist Inflation.

Ein Beispiel dazu: Ein Brot kostet im Jahr 2008 genau 1€. Die durchschnittliche Inflationsrate in den letzten zehn Jahren betrug 2% pro Jahr. Ein Brot kostet nun 1,22€. Der eine Euro vom Jahre 2008 ist zehn Jahre später nur noch 82 Cent wert (=1€/1,22€). Du hast zwar im Jahr 2018 immer noch den einen Euro, dieser hat aber an Wert verloren und du kannst dir kein ganzes Brot mehr dafür leisten.

Um zu berechnen, wie viel Ertrag du mit deinen Investitionen tatsächlich erzielst, müssen wir kurz die Begriffe nominale und reale Rendite ansprechen. Die nominale Rendite ist die Rendite, die deine Bank dir nennt - beispielsweise 0,5% Zinsen auf dein Sparkonto. Wenn du aber wissen möchtest, wie hoch die erzielte Rendite in Wahrheit ist, musst du die sogenannte reale Rendite berechnen. Dazu musst du von der nominalen Rendite die Inflationsrate abziehen.

$$\textit{Näherungsformel für die Reale Rendite} \\ = \textit{Nominale Rendite} - \textit{Inflationsrate}$$

Bei einer Inflationsrate von 2% hast du also bei einem Zinssatz von 0,5% eine reale Rendite von ca. -1,5% erzielt. Dein Geld hat demnach an Wert verloren. Vermögenswerte wie Aktien und Immobilien preisen die Inflation ein, da deren Preise ebenfalls steigen. Wenn du also beispielsweise in Aktien investiert bist, schützt du dich selbst vor der Inflation.

Wie entsteht eine Inflation? Wieso steigt das Preisniveau?

Ein Grund dafür ist, dass die Nachfrage höher als das Angebot ist. Die Nachfrage nach Gütern wächst so schnell, dass die Angebotsseite nicht rechtzeitig die Produktion erweitern kann oder durch Kapazitätsauslastung keine Erweiterung mehr möglich ist, wodurch die Unternehmen am Preishebel drehen und die Preise in der Folge steigen. Steigende Preise sieht man zudem durch teurer werdende Produktionsfaktoren. Wenn beispielsweise die Energiekosten steigen oder

- um bei unserem Beispiel zu bleiben - das Mehl zur Produktion von Brot teurer wird, erhöhen die Unternehmen die Preise ihrer Produkte, damit sie weiterhin profitabel wirtschaften können. Höhere Kosten der Unternehmen werden so in Form Preiserhöhungen an den Verbraucher weitergegeben.

Ein weiterer Grund für die Inflation ist eine Erhöhung der Geldmenge durch die Zentralbanken. Die europäische Zentralbank (EZB) kann durch bestimmte Hebel die Geldmenge einer Volkswirtschaft steuern. Sind die Zinsen niedrig, ist es attraktiver, Kredite aufzunehmen, da die Schulden gegenüber der Bank niedriger sind als bei hohen Zinssätzen. Kreditnehmer leihen sich das Geld einfach sehr günstig. Ziel ist es, mehr Geld in Umlauf zu bringen. Da die Leute mehr Geld zur Verfügung haben, steigen dadurch die Preise.

Ein Rechenbeispiel, wie sich die Inflation auf dein Vermögen auswirkt:

Wenn du 10.000€ auf deinem Sparkonto liegen hast und dafür Zinsen in Höhe von 0,5% erhältst, die Inflationsrate aber 2% beträgt, verlierst du in Wahrheit ca. 1,5% deines Kapitals in diesem Jahr. Auf deinem Konto sind dann zwar nach einem Jahr 10.050€ verbucht, in der Realität ist dieser Betrag aber nur noch ca. 9.850€ wert, da das Geld an Kaufkraft verloren hat

$$\text{Kaufkraft des Geldes nach einem Jahr} = [10.050€ - (10.050€ * 0{,}02)]$$

Als Faustregel kannst du dir also merken: Liegt die Inflationsrate über deinem Zinssatz, so verlierst du Geld. Und das, mein Freund, ist eine traurige Geschichte, die sich glücklicherweise mithilfe der Börse verhindern lässt.

4 Überblick über Investitionsmöglichkeiten

Wenn die Menschen das Wort Börse hören, denken die Meisten direkt an Aktien. Es gibt jedoch viel mehr Anlageprodukte an der Börse. Neben Aktien gibt es Anleihen, ETFs, Rohstoffe und Fonds, auf die wir in diesem Kapitel genauer eingehen werden. Zusätzliche Produkte sind beispielsweise Futures, Optionen CFDs, Zertifikate und Devisen (Währungen), die wir jedoch im Rahmen dieses Buches nicht genauer behandeln werden.

4.1 Anleihen

„Wer gut essen will, kauft Aktien; wer gut schlafen will, kauft Anleihen"
- André Kostolany

Kostolany spielt mit diesem Satz darauf an, dass mit Aktien überdurchschnittliche Renditen erzielbar, kurzfristig jedoch auch häufig Kursrückschläge hinzunehmen sind. Eine Investition in Anleihen bringt zwar nicht so viel Ertrag, gilt aber als relativ sorgenfrei.

Anleihen - auch Bonds genannt - sind fest verzinsliche Wertpapiere und können mit kleinen Krediten verglichen werden. Der Geldgeber leiht der Gegenpartei für einen festgelegten Zeitraum (beispielweise 10 Jahre) Geld und erhält dafür Zinszahlungen, auch Coupons genannt. Grundsätzlich unterscheidet man zwei Arten von Anleihen. Die Unternehmens- und die Staatsanleihen. Die Konditionen wie Laufzeit, Verzinsung (Coupons) und Tilgung sind im Vorfeld genau festgelegt. Der Geldgeber kauft nicht eine gewisse Stückzahl Anleihen, sondern gibt einen bestimmten Nominalbetrag vor. Am Ende der Laufzeit erhält der Geldgeber 100% des Nominalbetrages zurück. Wenn du also zu Beginn 1.000€ für die Anleihen bezahlt hast, erhältst du am Ende der Laufzeit deine 1.000€ zurück. Wenn du eine Anleihe bis zum Laufzeitende behältst, verdienst du also – anders als bei Aktien - nicht durch Wertsteigerungen der Anleihe, sondern durch die Zinszahlungen dein Geld. Die Zinszahlungen werden vorher festgelegt. Falls du beispielsweise nun eine australische Staatsanleihe mit einer Laufzeit von 10 Jahren kaufst, erhältst du jährlich 1,1% Zinsen.[10]

Der Preis einer Anleihe kann sich während der Laufzeit jedoch ändern, da dieser abhängig von Angebot und Nachfrage ist. Wenn du die Anleihe bis zum Ende der Laufzeit hältst, hat dies keine Auswirkungen auf deinen Rückgabepreis. Du erhältst dann die 100% zurück. Der Marktzins hat den größten Einfluss auf den Preis der Anleihen. Steigen die Zinsen am Markt, fällt der Wert der bereits ausgegebenen Anleihen, da vergleichbare neu

[10] https://www.boerse.de/konjunkturdaten/staatsanleihen/ (Stand: November 2019).

angebotene Anleihen aufgrund der höheren Verzinsung (an Marktzinsen angepasst) attraktiver für die Anleger sind.
Umgekehrt steigen die Kurse der bereits ausgegebenen Anleihen, wenn die Zinsen am Markt sinken, da diese älteren Anleihen mit höheren Zinsen attraktiver werden und die Nachfrage danach steigt. Trotz der festgelegten Laufzeit ist es möglich, die Anleihe vor der Frist zu verkaufen. Falls bei sinkenden Zinsen am Markt der Wert deiner Anleihe steigt, lohnt es sich möglicherweise, die Anleihe vorzeitig zu verkaufen. Zinszahlungen erhältst du nach dem Verkauf deiner Anleihe natürlich nicht mehr.

Vorteile:

- gilt als relativ sicher
- geringe Volatilität (Kursschwankungen)
- festgelegte Zinszahlungen
- Recht auf volle Rückzahlung am Ende der Laufzeit

Nachteile:

- geringe Rendite
- Ausfallrisiko (falls Schuldner zahlungsunfähig wird)
- Zinsänderungsrisiko (relevant, wenn man die Anleihe vor Ende der Laufzeit verkaufen will).
- Inflationsrisiko (Unsicherheit über reale Höhe der festgelegten Zinszahlungen)

4.2 Aktien

Im fünften Kapitel befassen wir uns intensiver mit Aktien, weshalb ich diesen Abschnitt so kurz wie möglich halte und daher nur einen groben Überblick bieten werde.

Eine Aktie stellt einen bestimmten Anteil an einem Unternehmen, einer sogenannten Aktiengesellschaft (AG), dar. Die Höhe des Anteils an der AG, den du durch eine Aktie erhältst, hängt von der Anzahl der ausgegebenen Aktien des Unternehmens ab. Hat ein Unternehmen beispielsweise 100 Aktien ausgegeben und du besitzt 5 dieser Aktien, so gehören dir 5% des Unternehmens. Als Aktionär nimmst du direkt am Erfolg - oder Misserfolg - eines Unternehmens teil. Wenn das Unternehmen Gewinne erwirtschaftet, werden häufig Dividenden ausgezahlt (das machen jedoch nicht alle Unternehmen - auch wenn sie Gewinne erwirtschaften, dazu später mehr). Dir steht also ein kleiner Teil des Gewinns eines Unternehmens zu. Zusätzlich besteht die Möglichkeit einer Preissteigerung der Aktie, wenn es dem Unternehmen gut geht. Wenn das Geschäft jedoch weniger gut läuft, trägst du als Investor das Risiko mit. Es ist möglich, dass deine Aktie an Wert verliert. Generell sind Aktien volatiler, also schwankungsfreudiger, als beispielsweise Anleihen. War eine Aktie gestern noch 100€ wert, so kann es sein, dass die Aktie heute 98€ wert ist und morgen 105€ wert sein wird. Beim Aktieninvestment musst du damit rechnen, dass der Preis deiner Wertpapiere stetigen Schwankungen unterliegt.

Vorteile:

- Sehr flexibel
- Mögliche Gewinnchance durch Wertsteigerung der Aktien
- Mögliche jährliche Beteiligung an Gewinnen von Unternehmen (Dividendenzahlungen)
- Langfristig meist deutlich bessere Rendite als festverzinsliche Anlagen (z.B. Sparbuch)
- Sehr große Auswahl

Nachteile:

- Mögliche Verluste durch Wertminderung der Aktien (Falls du die Aktien dann verkaufen solltest)
- Keine festgelegte Rendite (Kursschwankungen, Dividendenzahlungen nicht konstant)

4.3 Investmentfonds

Du kannst dir einen Investmentfonds wie einen großen Topf vorstellen, in den viele Menschen Geld einzahlen. Fondsmanager verwalten diesen Topf und investieren das Geld in Wertpapiere, Immobilien oder Rohstoffe. Wenn der Fondsmanager einen guten Job gemacht hat und er mit seinen Investitionen insgesamt rentabel abschneidet, erhalten die Leute, die in diesem Fall als Geldgeber fungiert haben, mehr Geld zurück, als sie damals in den Topf geworfen haben.

Ein Fonds lässt sich grundsätzlich als eine defensivere Investmentmöglichkeit einordnen. Das Risiko wird durch Geldanlagen in verschiedenen Anlageklassen, Ländern und Branchen gestreut. Durch diese Risikodiversifizierung wird der Gefahr vorgebeugt, dass ein Unternehmen enorm an Wert verliert. Durch viele verschiedene Anlagen, die zur gleichen Zeit möglicherweise sehr gut laufen, werden die Verluste eines anderen Unternehmens abgefedert.

Bei Fonds unterscheidet man zwischen verschiedenen Fondsarten:

- **Aktienfonds**: Es wird ausschließlich oder überwiegend in Aktien investiert.
- **Immobilienfonds**: Es wird ausschließlich oder überwiegend in Immobilien investiert.
- **Rentenfonds** (auch Anleihefonds genannt): Es wird ausschließlich oder überwiegend in Anleihen investiert.
- **Mischfonds**: Es wird in unterschiedliche Anlageklassen investiert (meistens Aktien und Anleihen).
- **Dachfonds**: Es wird nicht in einzelne Wertpapiere, sondern in verschiedene Anteile anderer Fonds investiert.

Zusätzlich unterscheidet man zwischen offenen und geschlossenen Fonds. **Offene Fonds** sind eher die klassische Variante; mit ihnen wird an der Börse gehandelt. Du kannst jederzeit beliebig viele Anteile kaufen und verkaufen. Der Fondsmanager investiert das Geld in viele verschiedene Anlagen, wodurch mögliche Risiken minimiert werden. **Geschlossene**

Fonds hingegen werden nicht an der Börse gehandelt und sind meist längerfristige Projekte, aus denen du dein Geld auch nicht so einfach wieder rausnehmen kannst. Der Herausgeber des Fonds sammelt eine im Vorfeld definierte Summe ein und der Fonds wird geschlossen, sobald diese Summe erreicht wird. Ab diesem Zeitpunkt kann also kein Anteil des Fonds mehr gekauft werden. Das Geld von geschlossenen Fonds wird häufig in wenige einzelne Projekte investiert, wie zum Beispiel in den Bau von Immobilien. Geht das Projekt jedoch unter, ist das gesamte Geld weg und falls eine sogenannte Nachschusspflicht im Fonds mit einbegriffen ist, musst du in solchen Fällen sogar noch mehr Geld in den Fonds nachzahlen. Als Anfänger empfehle ich dir also, von geschlossenen Investmentfonds erstmal die Finger zu lassen.

Darüber hinaus unterscheidet man zwischen ausschüttenden und thesaurierenden Fonds. Bei **ausschüttenden** Fonds werden die Gewinne, die der Fonds erwirtschaftet, an dich ausgezahlt (abzüglich der Steuern und Gebühren). Bei **thesaurierenden** Fonds werden die Gewinne nicht an dich ausgezahlt, sondern vom Fondsmanager reinvestiert. Deine Investitionssumme erhöht sich also automatisch jedes Jahr.

Da sich die Fondsmanager natürlich auch ihr tägliches Brot verdienen müssen, solltest du mit verschiedenen Kosten rechnen, die ich dir kurz vorstelle. Bei manchen Fonds musst du einen **Ausgabeaufschlag** (Agio) bzw. Transaktionskosten bezahlen. Der Ausgabeaufschlag ist eine einmalige Gebühr, die beim Kauf von Anteilen eines Fonds anfällt.

Normalerweise ist dieser Gebühr in Prozent angegeben. Es gibt jedoch mittlerweile auch viele Fonds, die keinen Ausgabeaufschlag mehr fordern.

Eine weitere Kostenart sind die **Verwaltungsgebühren**, die auch Managementgebühren genannt werden. Verwaltungsgebühren werden für die Arbeit der Fondsmanager erhoben. Beispiele hierfür sind die Informationsbeschaffung, Controlling und Analyse. Diese Gebühren werden in Prozent angegeben und jeden Monat vom Vermögen abgezogen. Die Verwaltungsgebühren haben also einen erheblichen Einfluss auf die langfristige Performance des Fonds, weshalb du hier ganz genau hinschauen solltest.

Eine **Performancegebühr** wird bei manchen Fonds erhoben, wenn gewisse, vorher festgelegte Performanceziele übertroffen werden und so die Leistung der Manager belohnt werden soll.

Die **Total Expense Ratio (TER)** bzw. Gesamtkostenquote gibt Aufschluss darüber, welche durchschnittlichen Kosten ein Fonds jährlich zusätzlich zum Ausgabeaufschlag erhebt. Die TER setzt alle Kosten eines Fonds (Ausgabeaufschlag ausgenommen) ins Verhältnis zum durchschnittlichen Fondsvermögen eines Jahres. Du erhältst also eine Prozentzahl, die dir die durchschnittlichen laufenden Kosten des Fonds innerhalb eines Jahres zeigt.

Vorteile:

- Risikominimierung

- Schon mit kleinen Beträgen möglich, breit gestreut zu investieren
- Weniger Aufwand, Sparpläne möglich
- Du profitierst vom Fachwissen und der Erfahrung der Fondsmanager
- Mögliche Wertsteigerung
- Mögliche jährliche Rendite (Dividende)
- Langfristig meist deutlich bessere Rendite als festverzinsliche Anlagen (z.B. Sparbuch)

Nachteile:

- Relativ hohe laufende Kosten
- Abhängigkeit vom Fondsmanager: Du kannst nicht selbst bestimmen, welche Aktien der Fondsmanager als nächstes kauft oder verkauft
- Gesetzliche Vorgaben schränken die Fondsmanager ein, weshalb Fonds teilweise auch dann investiert sein müssen, wenn es besser wäre, mit einer Cash-Reserve auf bessere Chancen zu warten
- Wegen langatmigen Genehmigungsverfahren ist es für Fonds schwierig, kurzfristig auf vielversprechende Trends zu reagieren
- Viele Fonds schneiden schlechter als der Gesamtmarkt ab
- Mögliche Verluste
- Keine festgelegte Rendite

4.4 ETFs

ETFs (steht abgekürzt für Exchange Traded Funds) sind Investmentfonds, die direkt über die Börse gehandelt werden können. Wie der Name schon sagt, handelt es sich hierbei ebenfalls um Fonds. Hinter einem ETF steht jedoch kein Fondsmanager, der die Finanzmärkte analysiert und die Aktien einzeln in den Fonds packt. ETFs werden daher auch als passiv gemanagte Fonds bezeichnet. Zwar wird bei einem ETF ebenfalls eine Zusammenstellung von Wertpapieren erworben, jedoch bildet dieser lediglich die Bewegung des Vergleichsindex ab. Hört sich im ersten Moment vielleicht etwas verwirrend an, ist aber gar nicht so kompliziert.

Wenn du beispielsweise einen ETF kaufst, der den DAX abbildet, kaufst du im Grunde genommen Anteile an allen 30 im DAX enthaltenden Unternehmen. Steigt der DAX also um 5%, so steigt auch dein ETF um circa 5%. Genauso verhält es sich im umgekehrten Fall. Kommt es zu einem Crash, infolgedessen der DAX um 50% fällt, so sinkt auch der Wert des ETF um 50%. Beim aktiv gemanagten Fonds hätte in diesem Beispiel der Fondsmanager die Möglichkeit, frühzeitig Werte zu verkaufen und eine Cash-Reserve aufzubauen, um dann den Crash abzusitzen und in einer Phase, in der die Kurse niedrig sind, nachzukaufen. Bei den ETFs besteht diese Möglichkeit nicht.

Da hier jedoch kein Fondsmanager bezahlt werden muss, sind die geringeren Kosten gegenüber klassischen Fonds ein großer Vorteil von ETFs. Diese Form der Geldanlage erfreut sich immer größerer

Beliebtheit. Das liegt neben den geringen Kosten auch daran, dass es nur wenige Investmentgesellschaften schaffen, den Vergleichsindex zu schlagen. Oft liegt die Performance von aktiv gemanagten Fonds unter der Performance eines Gesamtmarktes wie beispielsweise dem DAX.

Es wird ebenfalls wieder zwischen **thesaurierenden** (Geld wird direkt reinvestiert) und **ausschüttenden** (du bekommst Rendite ausbezahlt) ETFs unterschieden.

Eine weitere Unterscheidung erfolgt zwischen **Swap-basierten** ETFs und **voll replizierenden** ETFs. „Herr Gott im Himmel was läuft denn nun schief?" fragst du dich jetzt vielleicht. Aber auch dieses Thema ist halb so wild. Voll replizierende, auch physische ETFs genannt, kaufen tatsächlich die Aktien aus dem abgebildeten Index. Wenn du also in einen ETF vom DAX investiert hast, legt der Anbieter in deinem Namen Aktien von Bayer, Daimler, Allianz usw. in sein Depot.

Swap-basierte, auch synthetische ETFs genannt, sind im Grunde genommen ein Tauschgeschäft zwischen deinem ETF-Anbieter und einer weiteren Partei, dem Swap Partner. Dieses Thema weiter auszuführen würde an dieser Stelle den Rahmen sprengen, weshalb wir es hier bei der Information belassen.

ACHTUNG (!): Bei voll replizierenden ETFs fließt dein Geld in das Depot des ETF-Anbieters und gilt dort als Sondervermögen. Falls dein Anbieter Insolvenz anmelden sollte, ist dein Geld dadurch geschützt. Die kreisenden Geier können zwar auf das Anlagevermögen der Firma zugreifen, jedoch nicht auf das von dir investierte Kapital, da das

Sondervermögen nicht zur Konkursmasse gehört. Kurz: Bei voll replizierenden ETFs ist dein investiertes Kapital geschützt. Bei Swap-basierten ETFs ist dies nicht der Fall. Der Swap gilt nicht als Teil des Sondervermögens und ist somit auch nicht gegen mögliche Insolvenzen der ETF-Anbieter gesichert.

Die Kosten sind zwar im Vergleich zu aktiv gemanagten Fonds geringer, geschenkt bekommt man aber auch in diesem Fall natürlich nichts, weshalb ich dir die Kosten kurz vorstelle. Da ETFs passiv gemanagte Fonds sind, fallen die Verwaltungsgebühren sehr gering aus. Die **laufenden Kosten** (Verwaltungsgebühr etc.) sind meist unter 1% (durchschnittlich etwa 0,5%). Zusätzlich fallen **Gebühren pro Order** an, die sich meistens in Prozent der Investitionssumme berechnen oder als **Spread** angegeben werden. Ein Spread ist die Differenz zwischen Geld- und Briefkurs. Das bedeutet, dass du als Anleger beim Kauf etwas mehr bezahlst (Geldkurs), als den Betrag, den du erhalten würdest, wenn du zum gleichen Zeitpunkt verkaufen würdest (Briefkurs). Weiterhin musst du in seltenen Fällen mit **Kontoführungsgebühren** rechnen.

Du kannst dir immer in den Fact-Sheets der einzelnen ETFs genau anschauen, welche Kosten für dich anfallen. Zusätzlich zu den ETF-Kosten musst du jedoch auch beachten, welche Gebühren dein Broker verlangt, wie beispielsweise die Gebühren pro Order. Was du ebenfalls in den Fact-Sheets der ETFs sehr schön sehen kannst ist die prozentuale Verteilung deiner Investition. Dort wird aufgeführt, wie viel Prozent deines Geldes in welches Land oder in welche Branche fließen.

Nachfolgend siehst du eine kurze Übersicht über die beliebtesten ETFs:

- MSCI World: Aktienindex, der die Entwicklung von über 23 Industrieländern darstellt
- MSCI Emerging Markets: Aktienindex, der die Entwicklung von den wichtigsten Schwellenländern darstellt
- ETFs auf einzelne Indizes von Industrieländern oder mehreren Nationen (z.B. DAX, S&P500, Dow Jones, Stoxx Europe etc.).
- ETFs auf einzelne Branchen

Besonderer Beliebtheit erfreuen sich aktuell ETF-Sparpläne. Mit diesen kannst du einen regelmäßigen Betrag in von dir ausgewählte ETFs investieren und eine wesentlich attraktivere Rendite erzielen als mit einem popeligen Sparbuch. Wie du vielleicht an meiner Wortwahl merkst, halte ich nicht viel davon, das Geld auf Sparbüchern schmoren zu lassen.

Hier ein Beispiel für einen ETF-Sparplan:
Du nimmst eine monatliche Sparrate von 100€ und verteilst diesen Betrag auf drei ETFs. So kannst du zum Beispiel 50€ davon in den MSCI World stecken und von der gesamten Wirtschaft der Industrieländer profitieren. 25€ könntest du in den MSCI Emerging Markets stecken, der etwas riskanter ist, dafür jedoch auch hohe Renditen ermöglicht. Die restlichen 25€ kannst du beispielsweise in einen ETF vom DivDAX, welcher die 15 dividendenstärksten Unternehmen aus dem DAX abbildet, investieren und et voilà: Dein Sparplan ist geboren.

Natürlich geht es an den Börsen nicht immer bergauf. Es kann auch passieren, dass dein Vermögen mal schrumpft und du enorme Verluste hinnehmen musst. Wenn du jedoch langfristig orientiert bist und eine unruhigere Phase an den Börsen psychisch verkraften kannst, dann ist ein ETF-Sparplan bestimmt keine schlechte Idee. Lies hierzu unbedingt bis zum Ende des Buches, da im achten Kapitel noch enorm wertvolle Tipps folgen.

Hier noch ein Ratschlag von mir, wie du Gebühren sparen kannst, falls deine Ordergebühren nicht prozentual, sondern absolut berechnet werden. Das bedeutet, dass dein Broker dir nicht 1% pro Order, sondern beispielsweise 5€ pro Order berechnet, unabhängig davon, wie hoch deine Investitionssumme ist. Lasse deinen monatlichen Sparbetrag auf ein Tagesgeldkonto fließen und investiere nur quartalsweise in den ETF. Auch das kannst du mithilfe von Daueraufträgen automatisieren und du sparst Gebühren, da du nicht jeden Monat deine 5€ zahlst, sondern nur alle drei Monate. Bei welchem Broker du dein Depot eröffnen kannst und wie sich die Gebühren auf deine Rendite auswirken siehst du in Kapitel 7.

<u>Vorteile:</u>

- Risikominimierung durch Diversifizierung
- Schon mit kleinen Beträgen möglich, breit gestreut zu investieren
- Gut geeignet für Einsteiger
- Geringe Kosten

- Weniger Aufwand, Sparpläne möglich
- Mögliche Wertsteigerung
- Mögliche jährliche Rendite (Dividende)
- Langfristig meist deutlich bessere Rendite als festverzinsliche Anlagen (z.B. Sparbuch)
- Meist bessere Rendite als aktiv gemanagte Fonds
- Transparent (du weißt, in welche Werte der ETF investiert)

Nachteile:

- Mögliche Verluste
- Keine festgelegte Rendite
- Kein Fondsmanager, der bei schlechten Marktlagen eingreifen oder umschichten kann
- Abhängigkeit vom Index: Du bestimmst nicht selber, welche Einzelwerte mit in den ETF aufgenommen werden
- Swap-basierte ETFs: Risiko der Insolvenz

4.5 Rohstoffe

Rohstoffe werden knapp und Knappheit treibt den Preis nach oben, wodurch wir eine schmackhafte Rendite erhalten, oder? Naja, so banal ist es dann leider doch nicht. Im folgenden Kapitel stelle ich dir kurz einige der möglichen Rohstoff-Investitionen vor und benenne kurz deren Vor- und Nachteile.

Die bekanntesten Rohstoffe im **landwirtschaftlichen/industriellen** Bereich sind Kakao, Baumwolle, Kaffee, Zucker, Getreide, Sojabohnen, Öl und Gas.

Dazu nur ganz kurz die "harten Fakten". Bei diesen Rohstoffen wird oft durch eine künstliche Verknappung versucht, den Preis in die Höhe zu treiben - Stichwort: OPEC. OPEC steht für "Organization of the Petroleum Exporting Countries". Dabei handelt es sich um eine internationale Organisation der Erdöl exportierenden Länder. Bekannte Mitglieder sind beispielsweise Saudi-Arabien oder die Vereinigte Arabische Emirate. Das Ziel dieser Organisation ist es, eine gemeinsame Preis- und Mengenpolitik zu betreiben, um die Exporteinnahmen zu erhöhen.[11] Wenn also wieder eine Nachricht hereingeflattert kommt à la „Die OPEC Staaten reduzieren die Erdölproduktion“ könnte es gut sein, dass der Ölpreis daraufhin steigt. Dazu muss man jedoch sagen, dass die OPEC Staaten nicht die einzigen Länder sind, die Erdöl erzeugen. Die Vereinigten Staaten von Amerika sind ebenfalls einer der größten Erdölexporteure.[12] Zusätzlich lässt sich zu landwirtschaftlichen Rohstoffen sagen, dass diese immer von der Ernte und dem Klima abhängig sind und daher auch größeren Schwankungen unterliegen können. Dabei investierst du übrigens nicht in physischen Kakao und lagerst dir im Keller 5 Tonnen Kakao ein, sondern kaufst Zertifikate.

[11] Prof. Dr. Martin Klein und Dr. Carsten Weerth (https://wirtschaftslexikon.gabler.de/definition/opec-46029/version-368122)

[12] https://de.tradingeconomics.com/country-list/crude-oil-production

Zertifikate sind Schuldverschreibungen eines Emittenten.[13] Man kann sie als Wette auf den weiteren Preisverlauf eines Produktes sehen. Zertifikate gelten als riskant und sollten nur von erfahrenen Anlegern genutzt werden, weshalb ich dir zum Einstieg davon abrate.

Die wichtigsten Rohstoffe im **Bereich der Metalle** sind Gold, Silber, Platin, Blei, Palladium und Kupfer.

In diesem Bereich kannst du sogar physische Masse kaufen. Das heißt, du kannst dir einen Goldbarren kaufen und diesen einlagern. Doch in der Regel erfolgt auch dieser Handel über Zertifikate. Du kannst aber auch Aktien von Unternehmen kaufen, die solche Rohstoffe fördern, wodurch du indirekt auch an den Rohstoffen beteiligt bist.

Das wahrscheinlich spannendste Edelmetall ist Gold. Es gilt als krisensichere Währung. Wenn die Finanzmärkte oder Währungen wie der Euro versagen, schlägt die goldene Stunde des Goldes. Wow, was ein Wortspiel. Nein, jetzt mal im Ernst. Gold gilt als sicherstes Zahlungsmittel und ein totaler Wertverlust ist bei diesem Edelmetall nahezu ausgeschlossen. Wenn es an den Finanzmärkten mal etwas unruhiger wird, steigt oft der Goldpreis. Und selbst wenn der Goldpreis nicht steigt, so bleibt er immerhin mehr oder weniger konstant, was dem Besitzer solcher Güter ein weiches Ruhekissen in schlechten Zeiten bietet. Andersrum muss man beim Gold natürlich damit rechnen, dass der Preis wieder sinkt, sobald die Finanzmärkte wieder in ruhigeres Gewässer

[13] Ein **Emittent** ist ein Herausgeber von Wertpapieren. Bei Aktien handelt es sich dabei um Unternehmen; bei Anleihen kann es sich um Unternehmen, öffentliche Körperschaften, den Staat und andere Institutionen handeln. (https://boersenlexikon.faz.net/definition/emittent/)

fahren. Allgemein lässt sich jedoch sagen, dass die Renditechance bei Edelmetallen nicht so hoch ist wie beispielsweise bei Aktien. Sie bieten eher eine Art der Absicherung.

Vorteile:

- Mögliche Wertsteigerung
- Schutz vor Inflation, da Rohstoffpreise meist mit der Inflation steigen
- Rohstoffe sind begrenzt
- Gut für Diversifizierung des Portfolios

Nachteile:

- Mögliche Verluste
- Keine Zinsen oder Dividenden (abhängig von Preisänderung)
- Abhängig von Klimabedingungen
- Abhängig von politischen Entscheidungen und Konflikten

4.6 Wann nehme ich welche Anlage?

Wie sagen die Juristen so gerne? „Es kommt darauf an…“ Es kommt bei der Geldanlage tatsächlich darauf an, welcher Typ du bist. Dazu möchte ich dir gerne das "magische Dreieck" der Geldanlage vorstellen.

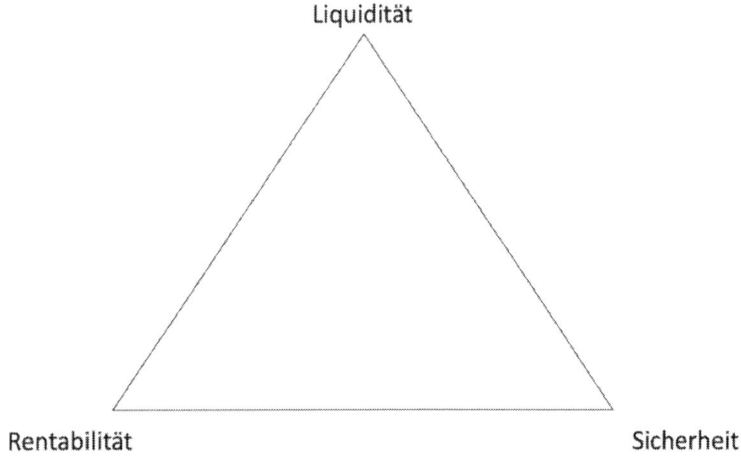

Dargestellt sind hier die drei wichtigsten Faktoren bei der Geldanlage: Die Rendite, die Sicherheit und die Liquidität, also die Verfügbarkeit des Geldes.

Die **Rentabilität** einer Anlage beschreibt das Verhältnis von Gewinn zu Kapitaleinsatz. Wenn du beispielsweise in einem Jahr mit 100€ Einsatz nach Abzug der Steuern und Gebühren einen Gewinn von 10€ erwirtschaftest, hast du eine Rendite von 10%. Rendite kannst du durch Wertsteigerungen deines Investments oder aber durch Zinsen und Dividenden einfahren.

Die **Sicherheit** einer Anlage zeigt an, wie wahrscheinlich es ist, dass du dein eingesetztes Geld zurückerhältst. Einige Geldanlagen unterliegen hohen Schwankungen und sind riskanter als andere Produkte. Eine Investition in eine Bananenplantage in Brasilien ist mit großer Sicherheit riskanter als ein Sparbuch. Zwar ist auch bei einem Sparbuch ein gewisses Risiko vorhanden (Bank oder Staat verschulden sich extrem, Inflationsrisiko etc..), jedoch gibt es bei den verschiedenen Anlageformen erhebliche Unterschiede beim Betrachten der Sicherheit.

Der dritte Faktor des magischen Dreiecks ist die **Liquidität**. Die Liquidität beschreibt die Verfügbarkeit des Geldes. Wie lange musst du warten, um an dein Geld heranzukommen? Je schneller eine Geldanlage verkauft oder aufgelöst werden kann, desto liquider ist sie. Bei manchen Geldanlagen ist es sehr schwierig, vor Laufzeitende an sein Kapital heranzukommen, beispielsweise an das Festgeld auf der Bank. Aktien hingegen kannst du, sofern die Börsen geöffnet haben, jederzeit verkaufen.

Das Problem bei der ganzen Geschichte: Die drei Faktoren stehen in Konkurrenz zueinander. Wenn dir jemand eine Investition verspricht, die du dir jederzeit auszahlen lassen kannst, kein Risiko enthält und dir eine Rendite von 10% pro Jahr erwirtschaftet, frag diese Person ruhig, ob sie Aladin kennt und dieser einen Flaschengeist aus der Wunderlampe beschwört, der ihm angeblich diese drei Wünsche erfüllt.

Du musst letztendlich selber entscheiden, was für dich die beste Anlageform ist. Dabei musst du dich natürlich nicht auf eine einzige

Anlageform beschränken. Eine gesunde Mischung ist zu empfehlen. So wie du Aktien von mehreren Unternehmen kaufen kannst, könntest du beispielsweise in Aktien investieren, ETFs kaufen und ein Sparbuch zugleich führen.

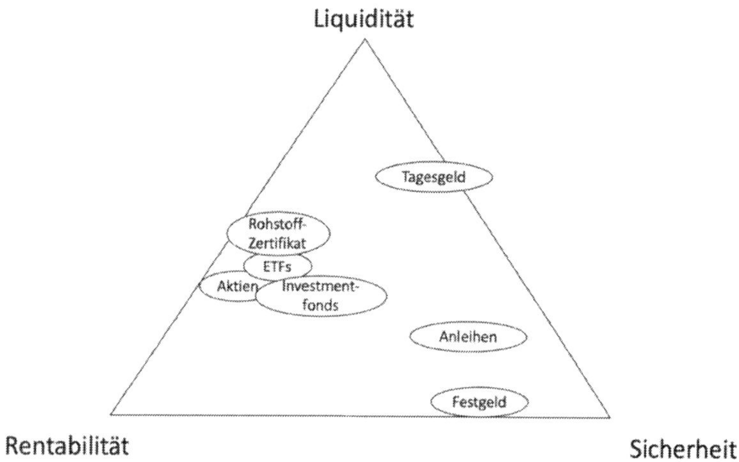

Aktien sind sehr liquide und haben hohe Renditechancen, gelten jedoch aufgrund der Schwankungsfreudigkeit als riskant. Tagesgeld ist ebenfalls sehr liquide, bietet eine hohe Sicherheit, wirft dafür jedoch nur eine geringe Rendite ab. Das Festgeld wird als sicher bei einer moderaten Rentabilität eingestuft, bietet jedoch eine geringe Liquidität. Zu den Zielen Rentabilität und Sicherheit lässt sich festhalten: Je höher die Chance auf eine satte Rendite, desto höher ist meist auch das Risiko.

Allgemein kann ich jedoch sagen, dass ich **Aktien** den Menschen empfehle, die Zeit, Lust und Wissen haben, um in Einzelwerte zu investieren. Zusätzlich sollte man die Motivation haben, das Börsengeschehen zu verfolgen. Von dem Spruch: „Aktien kaufen und Baldrian trinken, wenn Sie wieder aufwachen, haben Sie Geld verdient." von André Kostolany halte ich nicht besonders viel. Niemand kann die Zukunft voraussagen und du kannst dir nie zu 100% sicher sein, dass deine Aktien in Zukunft steigen werden. Die Börse ist höchst volatil und außerdem weißt du ja gar nicht, wie lange deine Schlaftabletten wirken - vielleicht war die Aktie dann schon am Höchststand und verliert danach wieder rapide an Wert. Spaß beiseite: Aktien empfehle ich nur Leuten, die sich wirklich aktiv mit dem Thema beschäftigen möchten. Dabei reicht es, wenn du gelegentlich die Märkte verfolgst; du musst nicht jeden Tag topinformiert sein. Ebenfalls solltest du dich nicht von täglichen Nachrichten verrückt machen lassen.

ETFs empfehle ich Menschen, denen es an Zeit und Lust fehlt, sich intensiv mit diesem Thema auseinanderzusetzen, aber dennoch eine breite Streuung ihres Depots erreichen und eine ordentliche Rendite erwirtschaften wollen.

Aktienfonds empfehle ich, wenn du nur in gewisse Branchen investieren möchtest, aber gleichzeitig nicht die Zeit und Lust hast, die Branche intensiv zu analysieren. Beispiele hierfür sind Fonds, die ausschließlich in erneuerbare Energien, in Biotech-Unternehmen oder in Robotik investieren. Du musst für dich selbst entscheiden, welche Branche du persönlich als interessant und erfolgsversprechend empfindest.

Durch Studien wurde belegt, dass die meisten aktiv gemanagten Fonds den Gesamtmarkt langfristig nicht schlagen können und somit schlechter abschneiden als ETFs. Gründe dafür sind beispielsweise die höheren Gebühren sowie die eingeschränkten Handlungsmöglichkeiten der Fondsmanager.
Die Studie „SPIVA Europe Scorecard" der S&P Dow Jones Indices LLC zeigt, dass 70,43% der aktiv gemanagten, in Euro gehandelten US-Aktienfonds auf Ein-Jahres-Sicht (Mitte 2017 bis Mitte 2018) schlechter abschneiden als der Vergleichsindex S&P500. Über einen Zeitraum von fünf Jahren stieg der Anteil auf 92,06% und bei Betrachtung von zehn Jahren schnitten 97,76% der Fonds schlechter ab als der Vergleichsindex.[14] Die Studie zeigt sehr gut, dass die meisten aktiv gemanagten Fonds es nicht schaffen, den Vergleichsindex zu schlagen.
Dazu sei gesagt: Bitte nicht blind in ETFs oder Aktienfonds investieren. Auch mit diesen Anlageformen solltest du dich vorher intensiv auseinandersetzen und den für dich perfekten ETF oder Aktienfonds herausfiltern. Bei der Wahl eines aktiven Fonds besteht die Herausforderung für Investoren darin, diejenigen Manager zu identifizieren, von denen sie glauben, dass sie die Leistung der Indizes übertreffen können.

[14] https://us.spindices.com/documents/spiva/spiva-europe-mid-year-2018.pdf

Wie du siehst, musst du selbst für dich entscheiden, welche Form der Geldanlage am besten zu dir und deinen Zielen passt. Ich persönlich finde Aktien wahnsinnig spannend und kann jedem eine Auseinandersetzung mit diesem Thema wärmstens empfehlen. Daher beschäftigen sich die nächsten Kapitel intensiver mit Aktien.

5 Grundlagen der Aktien

5.1 Was ist eine Aktie und warum gehen Unternehmen an die Börse?

Endlich sind wir bei meinem Lieblingsthema angelangt. Starten wir mit den Basics. Was ist eine Aktie, wie funktioniert eine Aktiengesellschaft und warum geben Unternehmen überhaupt Aktien aus?
Eine Aktie ist eine handelbare Beteiligung an einem Unternehmen. Mit einer Aktie bist du demnach Miteigentümer eines Unternehmens deiner Wahl. Wenn du sagst: „Wow, der Elektronikmarkt ist so spannend! Ich möchte unbedingt am Erfolg eines Unternehmens der Elektronikbranche beteiligt sein", so kannst du dir beispielsweise Unternehmensanteile von Apple an der Börse in Form von Aktien kaufen. Ab dem Zeitpunkt des Kaufs kannst du dich stolz Aktionär nennen und nimmst am Erfolg oder Misserfolg des Unternehmens teil. Dir gehört ein kleiner Teil von Apple. Früher wurden die Anteile noch in Form von Urkunden an die Aktionäre ausgegeben. Mittlerweile läuft das Geschäft mit Wertpapieren jedoch digital über die Konten der Wertpapierbanken.
Unternehmen, die als Rechtsform eine Aktiengesellschaft gewählt haben (kurz: AG) können also unter bestimmen Umständen an die Börse gehen

und Unternehmensanteile verkaufen. Doch wieso sollten Unternehmen ihre Anteile verkaufen wollen? Ich erkläre es dir anhand eines Beispiels.

Dein Freund Gregor Grewen verkauft frisch gepresste Smoothies, die er von Hand presst und in Flaschen abfüllt. Zunächst verkauft er diese Smoothies nur an Freunde und Bekannte sowie auf Wochenmärkten. Gregor sieht, dass das Geschäft mit frisch gepressten Säften sehr gut läuft und beschließt, sein Unternehmen zu vergrößern, um mehr Gewinn zu machen und neue Arbeitsplätze zu schaffen. Da die Nachfrage nach seinen Säften immer weiter steigt und er das Geschäft alleine nicht mehr stemmen kann, stellt er seine Schwester als Angestellte ein. Sie hilft ihm beim Pressen der Säfte, um die gestiegene Nachfrage bedienen zu können. Sein Unternehmen ist auf einem guten Wege und erhöht ständig die Erträge. Weitere Mitarbeiter werden eingestellt, die ihm beim Verkauf, dem Marketing und der Buchführung unterstützen.

Gregor hat mittlerweile hunderte Mitarbeiter und verkauft tausende Smoothies. Er überlegt sich, eine Maschine zu kaufen, welche die Smoothies automatisiert presst, direkt in Glasflaschen abfüllt und verpackt. So kann Gregor langfristig eine Menge Geld sparen und effizienter produzieren. Damit sein Unternehmen bei der zunehmenden Konkurrenz wettbewerbsfähig bleibt und Arbeitsplätze gesichert werden können, möchte Gregor, dass sein Unternehmen weiterwächst und effizienter produziert.

Die Smoothie-Press-und-Abfüllmaschine ist jedoch nicht günstig. Daher überlegt sich Gregor, wie er an frisches Kapital rankommen kann, um diese Maschine zu kaufen und somit die langfristige Strategie seines Unternehmens sichern zu können. Dazu bieten sich Gregor zwei Möglichkeiten. Er kann sich entweder Fremdkapital von der Bank leihen (Kredit/Darlehen) oder einen Anteil am Grundkapital seines Unternehmens gestückelt in Aktien verkaufen (an die Börse gehen). Wenn dein Freund Gregor dir nun etwas vom IPO (Initial Public Offering) erzählt, meint er damit den Börsengang.

Das Geld, das die nun von Gregor benannte "Grünzeug AG" durch einen Börsengang einnehmen würde (Verkauf von Aktien an Investoren) stellt Eigenkapital des Unternehmens dar und muss nicht zurückgezahlt werden. Du als Investor kannst dein Geld aber natürlich zurückbekommen - oder durch Kurssteigerungen noch mehr Geld erwirtschaften - wenn du die Aktie weiterverkaufst. Selbstverständlich könnte Gregor die Aktien auch wieder zurückkaufen und somit wieder mehr Anteile an seinem Unternehmen haben.
Fremdkapital hingegen erhält das Unternehmen beispielsweise durch einen Kredit von der Bank. Dafür müssen Zinsen gezahlt und der Kredit bis zu einem gewissen Zeitpunkt zurückgezahlt werden.

Ein Börsengang hat für Gregor den Vorteil, dass frisches Kapital ins Unternehmen gespült wird, welches er direkt in die Smoothie-Press-und-Abfüllmaschine investieren kann. Zudem können die eigenen Mitarbeiter

am Erfolg des Unternehmens beteiligt werden, wenn sie Aktien der Firma besitzen. Sie können die Anteile entweder privat erwerben oder in Form von Bonusprogrammen - beispielsweise bei Erreichen von vereinbarten Gewinnzielen - Aktien erhalten. Das erhöht die Motivation der Angestellten, weiterhin effizient und gewinnbringend zu arbeiten, da sie selber ja auch ein Stück vom Gewinn erhalten, wenn es durch deren Arbeitskraft und Produktivität für das gesamte Unternehmen gut läuft.
Ein weiterer Vorteil ist, dass Gregors Grünzeug AG nun in den Medien auftaucht und die Bekanntheit des Unternehmens dadurch erheblich gesteigert wird. Nun wissen nicht nur die Menschen aus Buxtehude von den Smoothies der Grünzeug AG, sondern ganz Deutschland oder vielleicht sogar die gesamte Welt. Dadurch können neue Märkte erschlossen und Partnerschaften mit Lebensmittelketten oder Tankstellen geschlossen werden. Durch die gestiegene Bekanntheit wird ebenfalls die Nachfrage nach den Smoothies gesteigert und die neu gekaufte Maschine kann die Aufträge automatisiert abfertigen. Die Früchte werden nun automatisch gepresst, in Glasflaschen abgefüllt und verpackt. Ein weiterer Vorteil liegt darin, dass die Unternehmensnachfolge, also die Frage wer das Unternehmen später einmal übernimmt, in einer Aktiengesellschaft einfacher zu handhaben ist. Dieses Thema würde jedoch den Rahmen dieses Buches sprengen und ist für uns nicht von Relevanz.

Du siehst also, dass durch einen Börsengang nicht nur neues Geld ins Unternehmen fließt, welches sinnvoll investiert werden kann, sondern ein IPO mit vielen weiteren Vorteilen verbunden ist. Und da du von deinem

Freund Gregor und seiner Vision von Grund auf überzeugt warst und die Grünzeug AG als alteingesessener Veganer unterstützenswert findest, hast du dir natürlich auch einige Aktien gesichert und profitierst fortan vom Erfolg des Unternehmens.

Doch um nicht nur die blumigen Seiten des Lebens zu beleuchten, nenne ich dir noch in aller Kürze Nachteile und Pflichten, die für ein Unternehmen mit einem Börsengang einhergehen. So schränkt ein Börsengang die Entscheidungsfreiheit des Vorstands enorm ein. Wenn man früher noch alles im engeren Kreis entscheiden konnte, wird nun über große Entscheidungen auf der Hauptversammlung abgestimmt und jeder Aktionär hat ein Recht, mitzusprechen. Zudem erleichtert die Börsennotierung einem Großinvestor oder konkurrierenden Unternehmen die feindliche Übernahme. Ein Börsengang bringt außerdem nicht nur Geld ein, sondern kostet auch etwas. So ist das Unternehmen beispielsweise zur Bilanzierungs- und Buchführungspflicht angehalten, deren Einhaltung durch externe Prüfer analysiert wird. Diese Prüfer müssen natürlich auch bezahlt werden. Generell ist ein Unternehmen, welches in der Öffentlichkeit steht, zu viel mehr Transparenz verpflichtet, als beispielsweise die ums Eck gelegene Häuslebauer GmbH mit zehn Mitarbeitern.

Kurzer Exkurs zur Rechtsform der Aktiengesellschaft:

- Die AG gilt als Juristische Person
- Gründung erfolgt durch rechtsfähige Personengesellschaft, natürliche oder juristische Personen
- Grundkapital (Mindestkapital): 50.000€
- Keine persönliche Haftung der Gesellschafter
- Organe: Vorstand, Aufsichtsrat, Hauptversammlung
- Aufgaben Vorstand: Leitung & Vertretung des Unternehmens
- Aufgaben Hauptversammlung: Entscheidungen über Strategie, Gewinnverwendung (Dividende), Entlastung von Aufsichtsrat/ Vorstand
- Aufgaben Aufsichtsrat: Überwachung des Vorstandes & Prüfung der Geschäftsberichte
- Kapitalaufnahme: Eigenkapital (Aktien), Fremdkapital (Banken - Kredite)

5.2 Welche Aktienarten gibt es?

Bei der Unterscheidung von Aktienarten kann zunächst einmal zwischen der Übertragbarkeit von Aktien sowie den Rechten von Aktien differenziert werden.

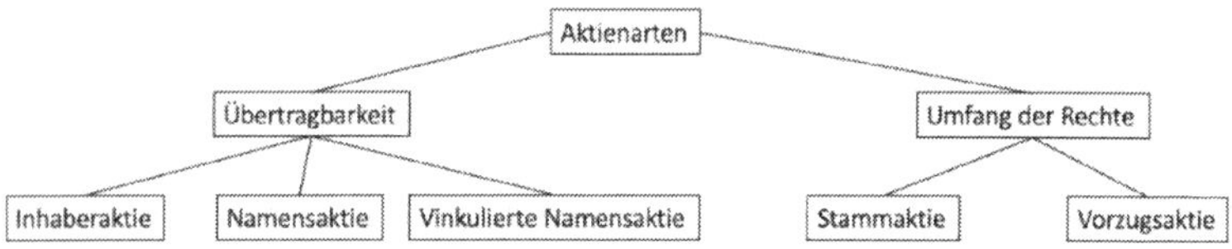

Fangen wir mit der **Übertragbarkeit** von Aktien an. Hier unterscheidet man zwischen Inhaber-, Namens- und vinkulierten Namensaktien.

1. *Inhaberaktien* sind die in Deutschland häufigste und einfachste Aktienart. Sie können ohne Einschränkungen gehandelt werden. Die Namen der Aktionäre sind der Aktiengesellschaft nicht bekannt und du musst niemanden der AG informieren, wenn du die Aktien weiterverkaufst (gilt nicht für Großaktionäre).

2. *Namensaktien* sind im Gegensatz zu Inhaberaktien nicht anonym. Die Daten der Aktionäre (Name, Datum, Adresse, Stückzahl der Aktien etc.) werden im Aktienregister des Unternehmens vermerkt. Beim Verkauf dieser Aktien müssen sämtliche Änderungen im Aktienregister des Unternehmens aufgenommen werden. Der Vorstand weiß also genau, wer die Eigentümer des Unternehmens sind. Ein Vorteil ist, dass die AG die Aktionäre direkt anschreiben und beispielsweise zur Hauptversammlung einladen oder Informationsbriefe zukommen lassen kann. Zudem ist es ein strategischer Vorteil für ein Unternehmen, wenn es die Aktionärsstruktur kennt. Taucht beispielsweise der Name eines

großen chinesischen Investors immer häufiger im Aktienregister des Unternehmens auf, dann ahnt das Management, dass möglicherweise ein chinesischer Investor eine Übernahme des Unternehmens plant.

3. *Vinkulierte Namensaktien* sind eine Sonderform der Namensaktien und kommen nur selten vor. Sie werden ebenfalls in das Aktienregister des Unternehmens eingetragen. Es gibt jedoch einen Unterschied bei der Übertragbarkeit dieser Aktien. Wenn du sie verkaufen möchtest, muss der Verkauf von der Aktiengesellschaft genehmigt werden. Hast du von Gregor also vinkulierte Namensaktien der Grünzeug AG erworben und er erlaubt dir nicht den Verkauf dieser, so wird die Order storniert. Vinkulierte Namensaktien haben den Vorteil, dass Unternehmen sich vor feindlichen Übernahmen schützen können und beispielsweise dem chinesischen Investor nicht alle Anteile überlassen müssen. Teilweise bekommen Unternehmen sogar vorgeschrieben, nur vinkulierte Namensaktien auszugeben. Ein Beispiel hierfür ist die Lufthansa AG. Die Lufthansa muss dem im Luftverkehrsabkommen und in den EU-Richtlinien geforderten Nachweis nachgehen, dass deren Aktien zu mindestens 50% in deutschen Händen liegen.[15] Das Wort vinkuliert kommt übrigens aus dem lateinischen *vinculum* und bedeutet so viel wie *Band, Fessel* - passt.[16]

---

[15] https://www.boerse-online.de/nachrichten/aktien/worin-sich-namensaktien-von-inhaberaktien-unterscheiden-1000846746

[16] https://de.langenscheidt.com/latein-deutsch/vinculum (2019).

Beim Umfang der **Rechte** von Aktien unterscheidet man zwischen Stamm- und Vorzugsaktien.

1. *Stammaktien* sind die „normalen" Aktien und kommen in Deutschland am häufigsten vor. Mit einer Stammaktie erwirbst du einen Teil des Unternehmens und somit alle Aktionärsrechte. Je mehr Stammaktien du erwirbst, desto größer ist dein Einfluss auf das Unternehmen, da du mit jeder Aktie eine Stimme erwirbst. Komm jetzt bitte nicht auf die Idee, eine Aktie von Facebook zu kaufen, in die USA zu fliegen um Mark Zuckerberg auf einen Kaffee zu treffen, damit du ihm mal erklären kannst, wie Datenschutz zu funktionieren hat. Dafür ist ein größerer Anteil des Unternehmens vonnöten. Mit dem Erwerb von Stammaktien darfst du jedoch an Hauptversammlungen teilnehmen und dort über aktuelle Themen abstimmen. Zusätzlich steht dir, falls das Unternehmen eine Dividende ausschüttet, ein Teil des Jahresüberschusses zu. Solltest du über 25%, aber weniger als 50% der Unternehmensanteile erworben haben, hast du zudem die Möglichkeit, bei Hauptversammlungen Beschlüsse zu verhindern, die eine 75%-Mehrheit erfordern (sogenannte Sperrminorität). Da du aber wahrscheinlich eher ein Privatanleger bist, gehen wir hier nicht detaillierter auf dieses Thema ein.

2. *Vorzugsaktien* haben - objektiv betrachtet - einen Vorteil und einen Nachteil im Vergleich zu Stammaktien. Der Nachteil liegt darin, dass du beim Besitz von "Vorzugsaktien ohne Stimmrecht" kein Stimmrecht hast. Das bedeutet, dass du die Entwicklung des Unternehmens nicht aktiv beeinflussen und auf Hauptversammlungen nicht abstimmen kannst. Als Privatanleger ist das aber halb so wild, da dein Anteil am Unternehmen wahrscheinlich nicht so groß sein wird, dass du einen merkbaren Unterschied machen kannst. Der Vorteil, den eine Vorzugsaktie bietet, liegt darin, dass du im Vergleich zur Stammaktie meist eine etwas höhere Dividende erhältst und der Preis oft geringer ist. Welche Aktienart vorliegt, erkennst du an der Abkürzung, die hinter der Aktie steht. Stammaktien werden häufig mit "St." und Vorzugsaktien mit "Vz." abgekürzt. Beispiele für bekannte deutsche Unternehmen, die sowohl Stamm- als auch Vorzugsaktien ausgeben sind BMW, RWE, Sixt, Henke, Volkswagen und MAN.

5.3 Was ist ein Aktienkurs und warum verändert sich dieser?

Wie entsteht eigentlich ein Aktienkurs? Wer legt fest, dass der Aktienkurs der Grünzeug AG 35€ beträgt? Werden zu einem Zeitpunkt x alle Maschinen, Bürostühle, Laptops usw. des Unternehmens gezählt, dieser Wert durch die ausgegebenen Aktien geteilt und schon hat man den Preis pro Aktie? Das wird zwar tatsächlich auch so in der Art gemacht, ergibt dann jedoch nur den Buchwert je Aktie und nicht den aktuellen Börsenkurs. Beim aktuellen Börsenkurs eines Unternehmens spielt vor allem der Glaube der Investoren in die Zukunft eine wesentliche Rolle. Natürlich sind die vergangenen Fundamentaldaten eines Unternehmens auch wichtig. Man sieht beispielsweise, ob das Unternehmen konstant gewachsen ist und beispielsweise stetig die Dividende erhöht hat oder in Krisen weiterhin profitabel wirtschaften konnte. Aus der Vergangenheit kann man selbstverständlich dann Schlüsse für die Zukunft ziehen und diese abschätzen.

Du fragst dich also, ob Gregor es mit seinem Team schafft, mit der Grünzeug AG noch mehr Smoothies zu einem noch besseren Preis verkaufen zu können und somit den Erfolg des Unternehmens steigern kann.

Dabei lässt sich sagen, dass die Anzahl der Aktien multipliziert mit dem aktuellen Kurs einer Aktie die sogenannte Marktkapitalisierung („Market Cap“) eines Unternehmens bildet. Die Marktkapitalisierung stellt also dar, wie hoch der Kapitalmarkt den Wert eines Unternehmens schätzt. Nehmen wir an, dass Gregor 100.000 Aktien ausgegeben hat, die aktuell für 20€ an der Börse gehandelt werden. Der Markt bewertet das Unternehmen also mit einer Marktkapitalisierung von 2 Millionen Euro (100.000 Aktien x 20€).

Um dein Börsenvokabular etwas aufzubessern, nenne ich dir kurz die gängigen Bezeichnungen für Aktiengesellschaften, die sich jeweils nach der Größe eines Unternehmens richten. Man unterscheidet zwischen Blue Chips, Mid Caps, Small Caps und Penny Stocks.

1. *Blue Chips* sind Unternehmen, die sehr groß sind und durch hohen Umsatz und Bekanntheit herausstechen. In Deutschland sind das vor allem die im DAX notierten Unternehmen. Beispiele für Blue Chips sind Allianz, Siemens, Coca Cola, McDonalds - Firmen, die allesamt mehrere Milliarden Euro wert sind. Der Name leitet sich übrigens von den blauen Spielchips im Casino ab, die den höchsten Wert haben.

2. *Mid Caps* sind etwas kleiner als die oben genannten Blue Chips und werden in Deutschland im MDAX gelistet. Die Marktkapitalisierung von Mid Caps liegt meist zwischen 250 Millionen und 1 Milliarde Euro.

3. *Small Caps* sind Unternehmen mit einem Wert von unter 250 Millionen Euro und werden in Deutschland teilweise im SDAX gelistet.

4. *Penny Stocks* sind Unternehmen, deren einzelne Aktie in der lokalen Währung nicht mehr als eine Einheit beträgt. Wenn du eine Aktie der Grünzeug AG für 90 Cent kaufen kannst, so wird Gregors Unternehmen Penny Stock genannt. In den USA liegt diese Grenze bei ca. 5 USD.

Doch wie wird jetzt der Preis für eine Aktie an der Börse festgelegt? Du hast bestimmt schon mal den Satz „Angebot und Nachfrage bestimmen den Preis“ gehört. Genauso ist es auch an der Börse. Die Aufgabe der Börse ist es, Angebot und Nachfrage bestmöglich auszugleichen, sodass eine große Anzahl an Aktien gehandelt werden können und ein möglichst hoher Umsatz erzeugt wird. Dazu führt die Börse ein Orderbuch, in dem die Angebote (Verkaufsorder) und Nachfragen (Kauforder) aufgeführt werden.

Nachfolgend siehst du ein beispielhaftes Orderbuch für die Grünzeug AG. In der linken Spalte siehst du die Nachfrage, in der rechten die Angebote dieser Aktie.

Nachfrage		Angebot	
Anzahl	Preis	Anzahl	Preis
50 Stk.	15 €	20 Stk.	17 €
100 Stk.	19 €	100 Stk.	19 €
200 Stk.	20 €	200 Stk.	20 €
20 Stk.	22 €	100 Stk.	22 €

Szenario 1 (Börsenkurs 15€): Zu diesem Preis gibt es eine Nachfrage von 370 Aktien, da jeder, der diese Aktie kaufen möchte, 15€ dafür bezahlen würde. Es ist jedoch keiner der Interessenten bereit, die Aktie für diesen Preis zu verkaufen. Ergo wechselt keine Aktie den Besitzer.

Nachfrage		Angebot	
Anzahl	Preis	Anzahl	Preis
50 Stk.	15 €	20 Stk.	17 €
100 Stk.	19 €	100 Stk.	19 €
200 Stk.	20 €	200 Stk.	20 €
20 Stk.	22 €	100 Stk.	22 €

Szenario 2 (Börsenkurs 17€): Hier haben wir ein Angebot von 20 Aktien. Die Nachfrage liegt bei 320 Aktien, da alle die Aktien für 17€ kaufen würden, bis auf den Nachfrager, der nur 15€ zahlen würde. Da jedoch nur 20 Aktien zu diesem Preis angeboten werden, wechseln nur 20 Aktien den Besitzer. Auch das scheint nicht der optimale Preis zu sein.

Nachfrage		Angebot	
Anzahl	Preis	Anzahl	Preis
50 Stk.	15 €	20 Stk.	17 €
100 Stk.	19 €	100 Stk.	19 €
200 Stk.	20 €	200 Stk.	20 €
20 Stk.	22 €	100 Stk.	22 €

Szenario 3 (Börsenkurs 19€): Auf der Angebotsseite sehen wir 120 Aktien. Nachgefragt werden zu diesem Preis ebenfalls 320 Stück. Es würde also zu einem Preis von 19€ einen Umsatz von 120 Aktien geben, da nur 120 zu diesem Preis angeboten werden.

Nachfrage		Angebot	
Anzahl	Preis	Anzahl	Preis
50 Stk.	15 €	20 Stk.	17 €
100 Stk.	19 €	100 Stk.	19 €
200 Stk.	20 €	200 Stk.	20 €
20 Stk.	22 €	100 Stk.	22 €

Szenario 4 (Börsenkurs 20€): Auf der Angebotsseite haben wir nun 320 Aktien, die einer Nachfrage von 220 Aktien gegenüberstehen. Zu einem Preis von 20€ würden demnach 220 Aktien den Besitzer wechseln.

Nachfrage		Angebot	
Anzahl	Preis	Anzahl	Preis
50 Stk.	15 €	20 Stk.	17 €
100 Stk.	19 €	100 Stk.	19 €
200 Stk.	20 €	200 Stk.	20 €
20 Stk.	22 €	100 Stk.	22 €

Szenario 5 (Börsenkurs 22€): Zu diesem Preis werden 420 Aktien angeboten, da jeder, der die Aktie der Grünzeug AG besitzt, diese für 22€ verkaufen würde. Nachgefragt werden zu diesem Preis jedoch nur 20 Stück, weshalb auch nur 20 Aktien den Besitzer wechseln würden.

Nachfrage		Angebot	
Anzahl	Preis	Anzahl	Preis
50 Stk.	15 €	20 Stk.	17 €
100 Stk.	19 €	100 Stk.	19 €
200 Stk.	20 €	200 Stk.	20 €
20 Stk.	22 €	100 Stk.	22 €

Da die Aufgabe der Börse der bestmögliche Ausgleich von Angebot und Nachfrage ist und dieser mit einem Umsatz von 220 Aktien bei 20€ liegt, beträgt der aktuelle Börsenkurs der Grünzeug AG Aktie 20€.

Preis	Nachfrage	Angebot	Umsatz
15 €	370	0	0
17 €	320	20	20
19 €	320	120	120
20 €	220	320	220
22 €	20	100	20

Der Kurs einer Aktie ändert sich aufgrund des sich ändernden Angebotes und der Nachfrage ständig. Es gibt viele verschiedene Faktoren, die einen Einfluss auf die Preisbildung haben:

- **Allgemeine Wirtschaftslage und Konjunktur**: Hier wird zum Beispiel auf die Arbeitslosenquote, Konsumverhalten, Auftragseingänge und Konjunkturdaten geschaut. Fallen die

Werte besser aus als erwartet, steigen in der Folge die Kurse. Ist die allgemeine Wirtschaftslage unruhig oder unvorhersehbar, herrscht auch an den Börsen Unruhe.

- **Aktuelle Lage sowie Zukunftsaussichten des Unternehmens**: Geht es dem Unternehmen gut? Hat das Unternehmen viele Schulden? Wie hoch sind die Marktanteile? Wie gut ist das Unternehmen für die Zukunft positioniert? Kann das Unternehmen weiterhin so stark wachsen? Diese Fragen und noch viele mehr beeinflussen den Aktienkurs.

- **Gewinnwarnungen**: Wenn das Unternehmen anstatt der prognostizierten 200 Millionen Euro Gewinn „nur" noch 180 Millionen Euro Gewinn in Aussicht stellt, sinkt der Kurs einer Aktie für gewöhnlich stark. Gewinnwarnungen und Abweichungen von Prognosen der Analysten haben zumindest kurzfristig einen enormen Einfluss auf den Preis einer Aktie.

- **Übernahmespekulationen**: Wenn in den Medien Übernahmespekulationen kursieren, sprich jemand will ein Unternehmen aufkaufen oder sich einen großen Anteil des Unternehmens sichern, so steigen die Kurse des zu übernehmenden Unternehmens (Achtung: das gilt nur für Stammaktien. Vorzugsaktien haben keine Stimmrechte, weshalb diese nicht so stark ansteigen wie Stammaktien). Der Kurs des kaufenden Unternehmens erleidet dabei meist einen Rücksetzer, da durch den Kauf einer anderen Firma zunächst Kapital aus dem Unternehmen fließt.

- **Politik**: Ein stabiles politisches Umfeld ist sehr wichtig für die Börse. Wenn in den Nachrichten wieder mal von einem Handelsstreit zwischen China und den USA die Rede ist, ist das (zumindest kurzfristig) nicht förderlich für die Entwicklung der Börsen.

- **Branchentrends**: Beispiele für aktuelle Branchentrends sind die Technologie-, die Solar-, Biotech- und Cannabis-Branche. Solche Trends sind meist nicht von langfristiger Natur, was die Börsenkurse dieser Unternehmen beeinflusst und diese kurzfristig in eine Art Hype geraten. Eine hohe Volatilität ist bei solchen Wertpapieren keine Seltenheit.

- **Charttechnik** (Kapitel 6.3)

- **Zins**: Auch die Zinsen haben einen großen Einfluss auf die Börsen. Wenn die US-Notenbank FED Zinssenkungen ankündigt, treibt das die Aktienkurse an. Grund dafür ist, dass Aktien als Anlageform durch geringere Zinsen attraktiver werden als Festgeldanlagen. Die Renditechance ist höher.

Beispiel 1: Gewinnwarnung

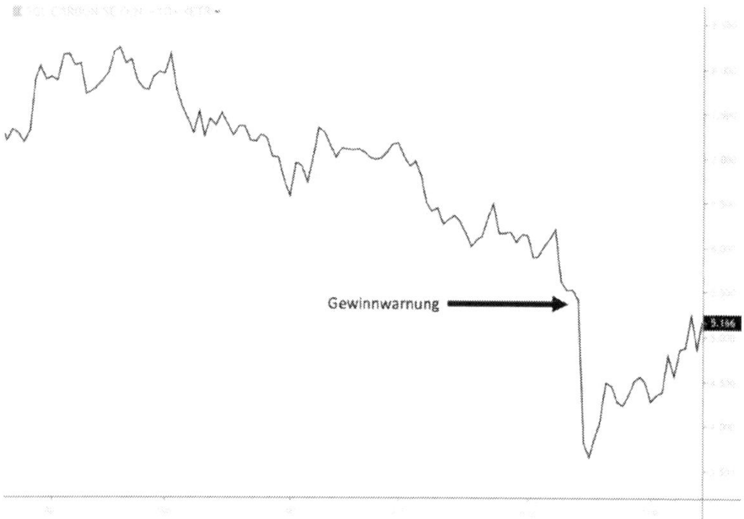

Beim Unternehmen SGL Carbon kann man die Auswirkung einer Gewinnwarnung auf den Preis der Aktie sehr gut erkennen. Am Abend des 14. Augusts 2019 meldete das Unternehmen, dass die Jahresprognose nicht erreicht wird. Statt eines EBIT von circa 65 Millionen rechneten die Verantwortlichen nun mit einem Verlust im einstelligen Millionenbereich. Zusätzlich wurden die Ziele für die Jahre 2020 bis 2022 gestrichen. Gleichzeitig verkündete der Geschäftsführer, Jürgen Köhler, dass er zum 31. August 2019 zurücktreten werde. Diese Informationen ließen den Kurs der SGL Carbon Aktie am darauffolgenden Tag, dem 15.08.2019 um circa 30% auf 3,81€ pro Anteilsschein fallen.

Beispiel 2: Übernahmespekulationen

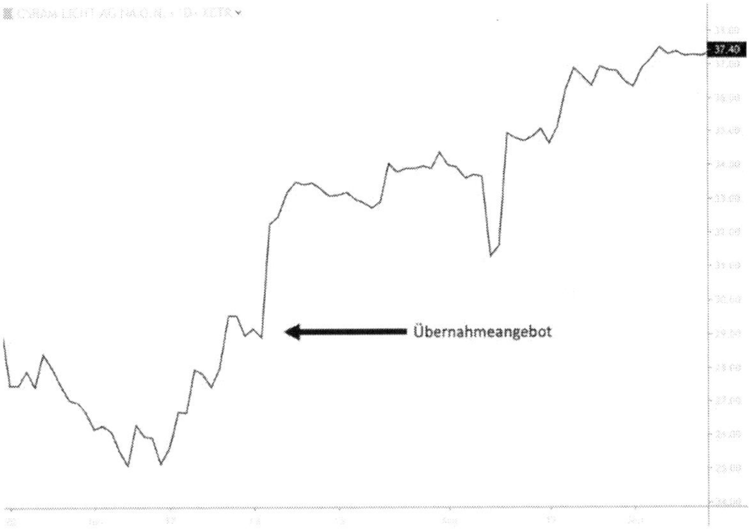

Die Auswirkung auf den Preis einer Aktie bei einem Übernahmeangebot lässt sich anhand des Lichtherstellers OSRAM sehr gut darstellen. Am 03.07.2019 vermeldete das Unternehmen, von Finanzinvestoren ein verbindliches Kaufangebot von je 35€ pro Aktie erhalten zu haben. Diese Nachricht trieb den Preis der OSRAM Aktie an nur einem Tag um circa 11% auf 32€ nach oben.

Beispiel 3: Branchentrends

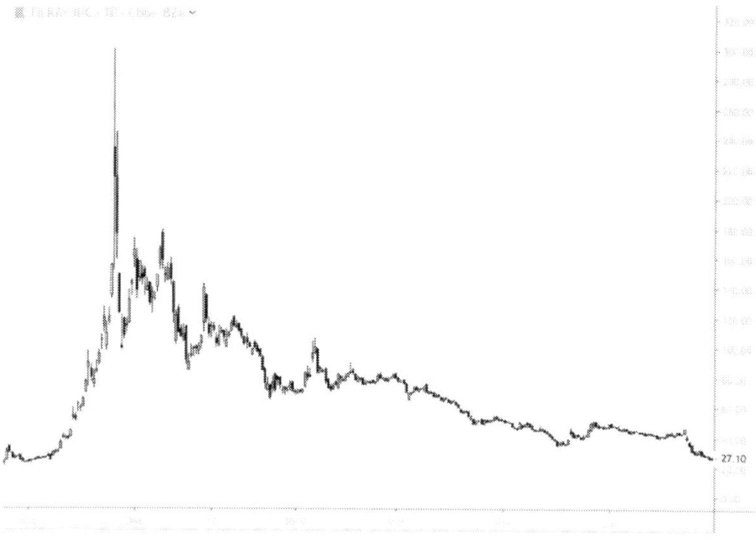

Um dir ein Beispiel zum Thema Branchentrends und Branchenhypes zu geben, können wir uns das Chartbild der Tilray-Aktie anschauen. Tilray ist ein kanadisches Pharma- und Cannabisunternehmen und gehört zu den führenden Unternehmen im Bereich der Herstellung und Erforschung von medizinischem Cannabis.

Die Tilray-Aktie ist ein Paradebeispiel für einen Aktien- bzw. Branchenhype und erinnert an die Dotcom-Blase, die du im Kapitel 5.5 kennenlernen wirst. Ende Juli ging das Unternehmen als erstes Cannabisunternehmen an die Börse in New York. Die Aktie pendelte zunächst einen Monat lang bei circa 30 USD. Dann begann ein enormer

Hype um das Wertpapier. Am 19. September, nicht mal einen Monat später, notiert die Aktie am Höchststand bei rund 300 USD. Das macht ein Kursplus von rund 900%. Das ganze natürlich unter extremer Volatilität. An diesem Tag schwankte der Kurs zwischen 180 USD und 300 USD. Nichts für schwache Nerven. Anschließend ist der Wert der Aktie implodiert und wieder auf 100 USD gefallen. Nach einem erneuten kurzen Aufschwung siehst du im Chart, dass die Zeit danach nicht gerade rosig verlief und die Aktie nun wieder ungefähr beim Einstiegspreis von 27 USD liegt.

5.4 Alle Informationen zur Dividende und Steuern

Grundsätzlich ist die Dividende der Teil des Gewinns einer Aktiengesellschaft, den das Unternehmen an die Aktionäre ausschüttet. Dabei ist die Dividende nicht nur vom Gewinn des Unternehmens, sondern auch von der Strategie bzw. der Gewinnverwendung abhängig. So erhält man bei einigen Unternehmen gar keine Dividende, da der Gewinn für erneute Investitionen genutzt wird, was häufig bei Technologie- und Biotech-Unternehmen beobachtet werden kann. Ein direktes Recht auf Dividendenzahlungen hat man als Aktionär also nicht, auch wenn das Unternehmen Gewinne einfährt. Dividenden sind zwar kein eindeutiges Kaufargument, eine stetig wachsende Dividende in Zeiten der Nullzins-Politik (die wir in Europa wahrscheinlich noch ein paar Jahre sehen werden) ist jedoch eine gute Basis für den Vermögensaufbau.

Die Festlegung der Dividendenhöhe erfolgt durch den Vorstand und den Aufsichtsrat, bedarf jedoch der Zustimmung der Aktionäre. So macht der Vorstand einen Vorschlag für die Dividendenhöhe und die Eigentümer (Aktionäre) stimmen darüber auf der Hauptversammlung ab und beschließen diese.

Die Häufigkeit der Dividendenzahlungen ist unterschiedlich. In Deutschland ist es üblich, einmal pro Jahr die Dividenden zu zahlen. In vielen Ländern wird hingegen quartalsweise oder halbjährlich ausgezahlt, wie beispielsweise in den USA oder Großbritannien. Die Dividende wird dann automatisch in deinem Depot verbucht.

Du fragst dich jetzt vielleicht, ob es nicht Sinn macht, die Aktie einen Tag vor der Dividendenauszahlung zu kaufen und direkt nach der Ausschüttung zu verkaufen. Gut kombiniert, Watson! Aber leider lautet die Antwort "nein". Nach der Hauptversammlung kommt es zu einem sogenannten Dividendenabschlag. Einen Tag, nachdem die Dividende beschlossen wurde, wird die die Aktie als Ex-Dividende gehandelt. Das bedeutet, dass die Aktie danach um den Wert der Dividendenauszahlung fällt. Dabei ist der Dividendenstichtag der Tag, an dem die Hauptversammlung stattfindet. Es erhalten nur die Aktionäre eine Dividende, die eine Aktie am Dividendenstichtag besitzen. Bei intaktem

Börsenklima und starker wirtschaftlicher Gesamtlage sowie guter Situation des Unternehmens, ist dieser Abschlag jedoch recht schnell wieder aufgeholt.

Dazu ein Beispiel:

Frühjahr 2019	Dividendenvorschlag von Gregor & Vorstand
12.05.19	Hauptversammlung & Dividendenbeschluss
12.05.19	Dividenden-Stichtag (20€)
13.05.19	Handel: Ex-Dividende (20€ - 1€ = 19€)
14.05.19	Dividendenauszahlung (1€)

Gregor schlägt gemeinsam mit seinem Vorstand im Frühjahr für die Grünzeug AG eine Dividende von 1€ pro Aktie vor. Am 12.05.2019 findet die Hauptversammlung statt, an der die Aktionäre dieser Dividende zustimmen (Dividendenstichtag). Am Tag der Hauptversammlung ist eine Aktie des Unternehmens 20€ wert. Am Tag nach der Hauptversammlung (13.05.2019) wird die Aktie als Ex-Dividende gehandelt und der Wert beträgt nur noch 19€ pro Aktie. Die Aktionäre erhalten anschließend (am 14.05.2019) die Dividendenauszahlung in Höhe von 1€ pro Aktie.
Dieser Dividendenabschlag macht ökonomisch betrachtet auch Sinn, denn das Unternehmen besitzt nach Auszahlung der Dividende weniger Kapital, wodurch die Aktie folgerichtig zunächst um den Wert dieses Kapitals sinkt.

Eine wichtige Kennzahl im Hinblick auf die Dividende ist die Dividendenrendite. Diese kannst du berechnen, indem du die ausgeschüttete Dividende durch den Aktienkurs teilst und das Ergebnis mit dem Faktor 100 multiplizierst. Im Beispiel der Grünzeug AG haben wir also eine Dividendenrendite von 5% (1€ / 20€ * 100) erwirtschaftet.

Wenn du auf der Suche nach starken Dividendentiteln in Deutschland bist, kannst du dir beispielsweise den DivDAX anschauen. Nachfolgend habe ich dir ein paar Tabellen vorbereitet, in denen du Unternehmen findest, die eine hohe Dividende auszahlen.

Ausgewählte Dividendentitel aus dem DAX		
Unternehmen	Branche	Dividendenrendite 2018
Allianz SE	Versicherungen	4,03%
Munich RE	Versicherungen	4,35%
Deutsche Telekom AG	Telekommunikation	4,60%
Daimler AG	Automobil	5,24%
BMW AG	Automobil	4,29%
Covestro	Chemie	2,75%
BASF SE	Chemie	3,57%
Bayer AG	Chemie	2,77%
RWE AG	Energie	7,02%
E.ON AG	Energie	3,15%
Vonovia	Immobilien	3,24%
Deutsche Lufthansa AG	Luftfahrt	3,17%
Siemens AG	Industrie	3,03%

Eigene Darstellung, Daten entnommen aus www.dividendenchecker.de

Ausgewählte Dividendentitel aus dem MDAX		
Unternehmen	Branche	Dividendenrendite 2018
Deutsche Pfandbriefbank AG	Bank	8,16%
Telefonica	Telekommunikation	6,58%
ProSiebenSat1	Medien	6,57%
Areal Bank AG	Bank	6,11%
RTL Group	Medien	5,67%
Deutsche Euroshop AG	Immobilien	4,65%
Alstria REIT AG	Immobilien	4,08%
Evonik	Energie	3,66%
TAG Immobilien AG	Immobilien	3,56%
Fielmann AG	Brillen	3,19%
Axel Springer SE	Medien	2,88%
Innogy	Energie	4,25%

Eigene Darstellung, Daten entnommen aus www.dividendenchecker.de

Ausgewählte Dividendentitel aus SDAX und TecDAX		
Unternehmen	Branche	Dividendenrendite 2018
DIC Asset	Immobilien	5,89%
Hamborner REIT AG	Immobilien	4,74%
Schaeffler AG	Automobil	4,16%
Amadeus FiRe AG	Personaldienstleistung	4,13%
Talanx	Versicherungen	3,81%
Siltronic AG	Halbleiter	1,73%
Software AG	Software	1,57%
United Internet	Internet-Provider	1,54%
SAP SE	Software	1,44%
Bechtle AG	IT-Dienstleistung	1,22%

Eigene Darstellung, Daten entnommen aus www.dividendenchecker.de

Ausgewählte Dividendentitel aus dem Stoxx50		
Unternehmen	Branche	Dividendenrendite 2018
AXA	Versicherungen	7,07%
BBVA SA	Bank	5,62%
BNP Paribas S.A	Bank	7,66%
Engie	Energie	6,12%
ING Group	Bank	7,28%
Intesa Sanpaolo	Bank	10,23%
Societe Generale	Bank	7,92%
TOTAL S.A	Energie	5,78%
Unibail-Rodamco	Immobilien	8,09%

Eigene Darstellung, Daten entnommen aus www.finanzen.net

Ausgewählte Dividendentitel aus dem Dow Jones		
Unternehmen	Branche	Dividendenrendite 2018
Chevron Corp.	Energie	4,09%
Coca-Cola Co.	Nahrung	3,27%
ExxonMobil Corp.	Energie	4,67%
IBM Corp.	Hardware/Software	5,43%
Mc Donald's Corp.	Nahrung	2,39%
Pfizer Inc.	Pharma/Chemie	3,17%
Procter & Gamble Co.	Nahrung/Konsumgüter	3,57%
Verizon Inc.	Telekommunikation	4,30%

Eigene Darstellung, Daten entnommen aus www.finanzen.net

Zum Abschluss des Kapitels sprechen wir noch kurz die Steuern an. Ja, ich weiß, es ist kein beliebtes, aber ein notwendiges Thema. Kapitalerträge stellen Gewinne aus deinen Kapitalanlagen dar, wie beispielsweise der Gewinn durch Aktienverkauf, Dividenden und Zinsen. Für diese Erträge musst du als Anleger seit dem Jahr 2009 Steuern zahlen. Der Steuersatz für die sogenannte Abgeltungssteuer (auch

Kapitalertragssteuer genannt) liegt bei 25%. Hinzu kommt noch der Solidaritätszuschlag, der bei der Abgeltungssteuer 1,375% beträgt. Wenn du nicht zusätzlich noch eine Kirchensteuer bezahlen musst, kommst du also auf eine Steuerlast von 26,375% für Erträge aus Kapitalanlagen.
Bei der Abgeltungssteuer handelt es sich um eine Quellensteuer. Quellensteuer bedeutet, dass die Steuer nicht im Nachhinein vom Steuerzahlen angegeben und bezahlt werden muss, sondern diese vom Kreditinstitut im Normalfall direkt an das Finanzamt abgeführt wird. Das solltest du jedoch bei deinem Broker noch einmal zu deiner Sicherheit abklären.

Beim Thema Steuern ist es wichtig zu erwähnen, dass dir als Anleger ein Sparerfreibetrag von 801€ pro Jahr zur Verfügung steht. Bei Ehepaaren mit gemeinsamer Kontoführung liegt dieser Freibetrag bei 1.602€. Hast du also einen Freistellungsauftrag eingereicht, so werden erst dann Steuern fällig, sobald du in einem Jahr mehr als 801€ (Sparerpauschbetrag) Gewinn durch Aktien, Dividenden oder Zinsen erwirtschaftest.

Zudem kannst du Aktiengewinne und Aktienverluste im gleichen Jahr miteinander verrechnen. Wenn du beispielsweise in einem Jahr mit Aktien der Allianz 10.000€ realisierten Gewinn gemacht hast, werden automatisch von deiner Depotbank 2.637,50€ an das Finanzamt abgeführt (Abgeltungssteuer + Solidaritätszuschlag, ohne Kirchensteuer). Hast du im gleichen Jahr mit den Aktien von Gregors Grünzeug AG 2.000€

Verlust realisiert, so erhältst du 527,50€ von den bereits abgeführten Steuern zurück, da sich deine Steuerlast für Kapitalerträge in diesem Jahr verringert.

Bei Dividenden von ausländischen Unternehmen gibt es noch eine Besonderheit, auf die man achten sollte. Da die Steuer auf Dividenden von ausländischen Unternehmen direkt im jeweiligen Land abgeführt wird (Quellensteuer) und du auch in Deutschland mit der Abgeltungssteuer besteuert wirst, zahlst du zunächst doppelt. Damit einer doppelten Besteuerung von ausländischen Dividenden umgangen werden kann, hat die Regierung mit vielen Ländern ein Doppelbesteuerungsabkommen abgeschlossen.
Du kannst als Anleger einen Teil der ausländischen Quellensteuer auf die Abgeltungssteuer anrechnen. Dabei handelt es sich um 15%. Die restlichen 10% werden wieder automatisch angerechnet, sodass man auf die Abgeltungssteuer von 25% kommt. Problematisch wird es allerdings, wenn die Quellensteuer im Ausland mehr als 15% beträgt, da ja nur 15% direkt angerechnet werden können. Dann bist du als Anleger selbst in der Verantwortung, dir die zu viel gezahlte Steuer zurückzuholen. Unter Umständen kann dieser Prozess sehr aufwendig sein und sich bei kleinen Dividendenzahlungen noch nicht lohnen. Für die Erstattung musst du einen schriftlichen Antrag bei der jeweiligen Finanzbehörde stellen, was sehr langwierig sein kann. Die notwendigen Formulare findest du beim Zentralamt für Steuern. Für weitere Informationen solltest du dich bei

diesem Thema ebenfalls an deinen Broker oder deine Depotbank wenden, da die Steuersätze von Land zu Land unterschiedlich sind.
Wenn du beispielsweise eine Aktie aus Italien besitzt, die Dividenden ausschüttet, so werden 20% direkt als Quellensteuer abgeführt (Steuersatz in Italien: 20%). 15% kannst du dir in Deutschland direkt auf die Abgeltungssteuer anrechnen lassen, 5% musst du dir jedoch in diesem Fall von der italienischen Finanzbehörde zurückholen, da du diese zu viel gezahlt hast.

Nice to know:
Das durch die Abgeltungssteuer eingenommene Kapital der Bundesrepublik Deutschland betrug im Jahr 2018 6,893 Mrd. €.[17]

5.5 Zum besseren Verständnis von Aktienmärkten: Börsencrashs

Um dir ein besseres Verständnis für das Verhalten von Investoren und deren Auswirkungen auf die Aktienmärkte zu geben, möchte ich kurz die letzten zwei größeren Krisen an den Finanzmärkten ansprechen. Zum einen die Dotcom-Blase (auf die ich bereits hingedeutet habe) Anfang der 2000er und die Finanzkrise 2008/2009.

[17]https://www.bundesfinanzministerium.de/Content/DE/Standardartikel/Themen/Steuern/Steuerschaetzungen_und_Steuereinnahmen/2019-01-31-steuereinnahmen-kalenderjahr-2018.pdf?__blob=publicationFile&v=2

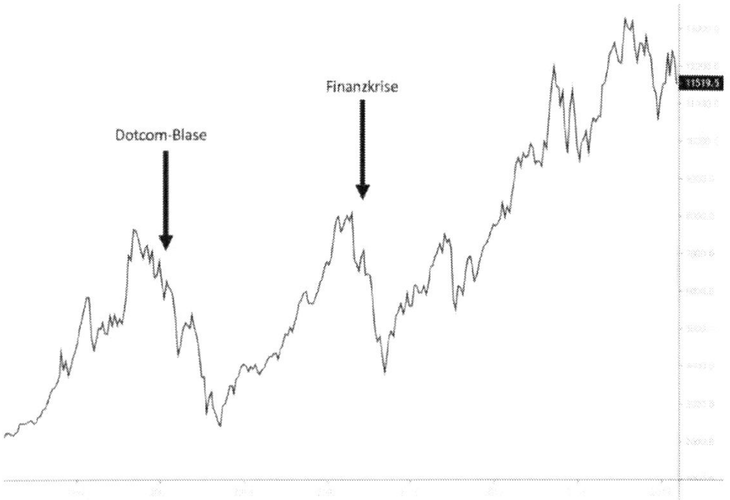

Performance des DAX seit 1998.

Dotcom Blase

Der Zusammenbruch der New Economy, oder auch Dotcom Blase bzw. Internetblase genannt, spielte sich Anfang der 2000er Jahre ab. Es gab einen enormen Hype um Internetfirmen, da der Wirtschaftszweig der digitalen Technologie mithilfe des Internets und des Mobiltelefons gerade erst neu entfacht worden war.

Ende der 1990er Jahre wurden eine Menge neuer Unternehmen gegründet, von denen viele an die Börse gehen wollten. Durch den Hype dieser Branche und die Hoffnung auf steigende Börsenkurse fanden die Unternehmen eine Vielzahl an Investoren. Aktien waren zu dieser Zeit sehr beliebt und selbst Hinz und Kunz kauften Wertpapiere, obwohl diese

Kleinanleger teilweise von Tuten und Blasen keine Ahnung hatten. Fundamentalanalyse? Stabile Wachstumszahlen und verlässliche Jahresabschlüsse? Ach, komm hör auf. Hauptsache an einem Hype teilnehmen.

Der DAX stieg im Winter 1999/2000 auf über 8.000 Punkte. Doch im März 2000 begannen die Kurse wieder zu sinken. Der DAX fiel binnen drei Jahren auf unter 3.000 Punkte. Das ist ein Kursverlust von über 63%. Da die hohen Erwartungen der Investoren von den Technologiefirmen nicht eingehalten werden konnten, haben viele von diesen Unternehmen große Kursverluste hinnehmen und teilweise Insolvenz anmelden müssen. Die Börsenkurse befanden sich in einer Abwärtsspirale. Vor allem uninformierte Kleinanleger verpassten die Chance für einen guten Ausstieg und warfen die Aktien letztendlich für Spottpreise auf den Markt. Die Dotcom Blase war geplatzt und man hatte eingesehen, dass viele der erfolgsversprechenden Zukunftsunternehmen nur heiße Luft waren.

Natürlich fielen dem nicht alle Technologiefirmen zum Opfer. Amazon beispielsweise musste zwar auch deutliche Kursverluste einbüßen, überlebte diesen Crash jedoch und ist nun ein den Markt dominierender Blue Chip. Der Kurs fiel damals innerhalb von zwei Jahren von ca. 106 US-Dollar auf ungefähr 6 US-Dollar. Nun notiert eine Amazon-Aktie bei rund 1.800 US-Dollar.[18] An diesem Beispiel sieht man, dass Crashs eine

[18] Stand: Dezember 2019.

wunderbare Möglichkeit bieten, Aktien günstig nachzukaufen. Dazu im enorm wichtigen Kapitel der goldenen Regeln im Aktienhandel mehr.

Finanzkrise 2008/2009

Weitere Turbulenzen an der Börse gab es durch die Finanzkrise 2008/2009. Auslöser dieser Krise war eine gelockerte Kreditvergabe für Immobilien in den USA. Hinz und Kunz erhielten Immobilienkredite und kauften sich ihr schönes Eigenheim, obwohl sie eigentlich eine zu schlechte Bonität (Kreditwürdigkeit) dafür hatten. Die Zinsen waren zu dieser Zeit sehr niedrig.

Nach einiger Zeit hob die FED die Leitzinsen an, wodurch bei variablen Zinssätzen die erforderlichen Zinszahlungen stiegen. Nun bekamen Hinz und Kunz ein Problem, da diese die Kredite nicht zurückzahlen konnten. Die Häuser waren bei der Bank als Sicherheit hinterlegt, gingen in den Besitz der Bank zurück und wurden geräumt. Die Banken versuchten, die Häuser möglichst schnell wieder zu verkaufen, wodurch das Angebot an Häusern extrem hoch, die Nachfrage jedoch gering war. Was haben wir aus dem Zusammenspiel von Angebot und Nachfrage gelernt? Richtig, die Preise der Häuser sanken durch das Überangebot. Die verbrieften Kreditderivate[19] wurden unverkäuflich und trieben viele Banken in den Ruin. Die amerikanische Großbank Lehman Brothers beispielsweise

[19] **Kreditderivate** sind handelsfähige Finanzinstrumente, mit denen sich Banken und Fonds gegen Verluste schützen können - kannst du dir wie eine Kreditausfallversicherung vorstellen

wurde nicht durch staatliche Rettungspakete vor der Insolvenz bewahrt und brach in sich zusammen.

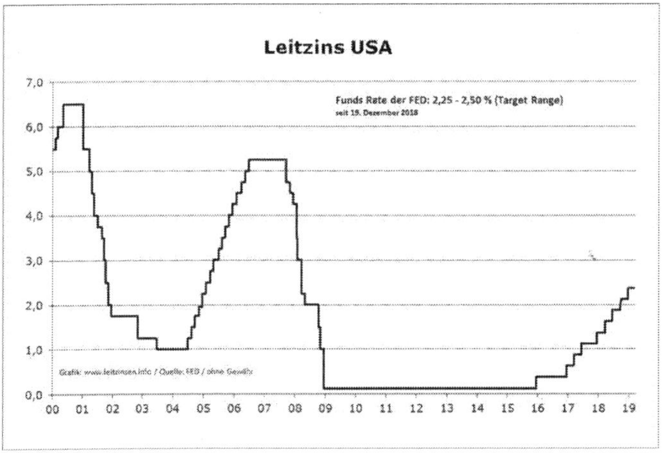

Quelle: www.leitzinsen.info

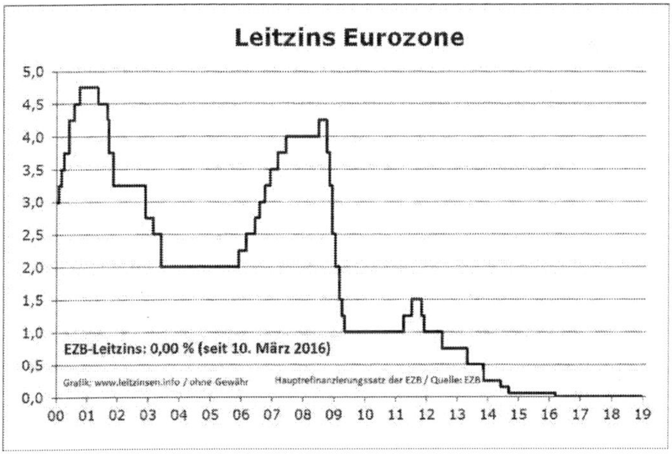

Quelle: www.leitzinsen.info

Aufgrund dieser Krise wurden die Leitzinsen der Zentralbanken enorm gesenkt, um Geld in den Markt zu pumpen, Liquidität zu fördern und den Banken zu helfen. Die Auswirkungen dieser Finanzkrise zeigten sich ebenfalls in den Aktienkursen. Der DAX fiel binnen zwei Jahren von circa 8.000 Punkten wieder runter auf ca. 3.700 Punkte. Ein Kursverlust, oder nennen wir es Rabatt, von rund 54%. Eine Goldstunde für mutige Anleger, die in dieser Zeit Aktien nachkauften.

Die niedrigen Zinsen sehen wir heute noch im europäischen Raum. Auch bei vielen Ländern sieht man heute noch die Folgen. Da die Banken gerettet werden mussten, verschuldeten sich viele Staaten, welche heute noch Probleme haben - Beispiel: Griechenland. Für einen detaillierten Verlauf der Finanzkrise mit Entstehungsgründen, Verlauf und Gegenmaßnahmen empfehle ich dir die Internetseite www.bundestag.de.[20]

Allgemein befindet sich die Weltwirtschaft seit Ende dieser Krise in einem permanenten Aufschwung mit kurzfristigen Erholungsphasen. Irgendwann wird es wieder an der Börse krachen. Wann genau das sein wird, kann jedoch niemand sagen. Es empfiehlt sich, durchgehend an steigenden Kursen teilzunehmen, gleichzeitig sollte jedoch eine Cash-Reserve aufgebaut werden, um im Falle eines Crashs günstige Qualitätsaktien nachkaufen zu können. In turbulenten Phasen sind

[20]https://www.bundestag.de/resource/blob/409652/69ed4dc7fa37c7fa3158d8b5ce274584/wd-4-075-09-pdf-data.pdf

Wertpapiere von exzellenten Unternehmen zu einem phänomenalen Rabatt erwerblich. Zudem sollte man stets aufmerksam sein und gegebenenfalls Positionen mit Gewinn schließen, wenn man merkt, dass sich ein möglicher Crash anbahnt.

6 Aktienanalyse: Wie finde ich die richtige Aktie?

Bei der Aktienanalyse kann man grundsätzlich zwischen fundamentaler und technischer Analyse unterscheiden. Die fundamentale Analyse bezieht sich auf Unternehmens- und makroökonomische Daten, während sich die technische Analyse mit dem Chartbild einer Aktie befasst. Meiner Meinung nach ist eine Mischung von fundamentaler und technischer Analyse sinnvoll. Denn dein Ziel sollte sein, eine oder mehrere Aktien zu finden, die aktuell im Branchenvergleich günstig bewertet sind und in Zukunft an Wert gewinnen werden.

Beide Analysearten werden im Folgenden erläutert. Mein Ansatz sieht so aus, dass ich zunächst Unternehmen fundamental bewerte und somit feststelle, **ob** ich in ein Unternehmen investiere. Mithilfe der technischen Analyse kann dann der Zeitpunkt, also **wann** ich in ein Unternehmen investiere, bestimmt werden.

Dazu sei direkt gesagt: Time schlägt Timing. Bitte behalte bei deinen Investitionen immer die langfristige Perspektive im Blick. Zusätzlich musst du für dich selber entscheiden, welche Art von Analyse du für sinnvoll erachtest und welche für dich funktioniert. Es bringt nichts, wenn du auf Teufel komm raus immer weiter die Charts analysierst und jahrelang keinen Erfolg damit hast. Wie schon Albert Einstein sagte: „Die Definition von Wahnsinn ist, immer wieder das Gleiche zu tun und andere Ergebnisse zu erwarten."

6.1 Fundamentalanalyse

Ob eine Aktie günstig oder teuer ist, hängt nicht davon ab, ob eine Aktie 1.000€ oder 50€ kostet. Nehmen wir als Beispiel den Vergleich von Apple und dem Schokoladenhersteller Lindt & Sprüngli AG. Eine Aktie von Apple kostet momentan ca. 250€. Eine Aktie von Lindt kostet aktuell ca. 76.000€.[21] Welches Unternehmen ist teurer: Apple oder Lindt? Auch wenn Lindt ganz tolle Schokolade herstellt und eine einzige Aktie viel teurer ist als eine von Apple, ist das Unternehmen Apple dennoch wertvoller. Grund hierfür ist die Anzahl der ausgegebenen Aktien. Wie bereits in Kapitel 5.3 erwähnt, ergibt sich der Wert eines Unternehmens aus der Multiplikation der ausgegebenen Aktien mit dem Preis einer Aktie.

Apple:

Unternehmenswert = 250 € x 4.601,08 Mio. Stück = 1150,270 Mrd. €

Lindt:

Unternehmenswert= 76.000 € x 0,14 Mio. Stück = 10,640 Mrd. €

[21] Stand: Dezember 2019

Du siehst also: obwohl eine Aktie von Lindt viel mehr kostet als die von Apple, ist das Unternehmen Apple um einiges mehr wert. Daran können wir also nicht festmachen, ob eine Aktie teuer oder günstig ist und ob sich ein Aktienkauf aktuell lohnt.

Bevor wir eine Einzelaktie analysieren, sollten wir globale und brancheninterne Daten betrachten und erst dann die einzelnen Unternehmen bewerten. Wir kommen also vom großen Ganzen und landen erst später bei einem einzelnen Unternehmen. Es ist sinnvoll, zunächst die konjunkturelle Lage einzuschätzen, wichtige politische Ereignisse und die Zinspolitik zu beachten.
Wenn du das Gefühl hast, dass der Markt überhitzt ist und jeder nur noch über Aktien redet - selbst deine Nachbarin Wilma, die nun wirklich so gar nichts mit Aktien am Hut hat - spätestens dann solltest du skeptisch werden und gegebenenfalls noch mit einem Aktienkauf warten.

„Sei ängstlich, wenn andere gierig sind. Sei gierig, wenn andere ängstlich sind.“
– Warren Buffett.

Nachdem du die globale Situation eingeschätzt hast und den Markt nicht für überhitzt hältst, kannst du dir einzelne Branchen anschauen. Dabei kommt es wieder darauf an, welches Ziel oder welche Strategie du verfolgst. Bist du ein defensiver Anleger und möchtest möglich sichere Aktientitel im Depot haben, so setzt du natürlich nicht auf spekulative

Wachstumsbranchen. Du schaust dir eher Branchen an, die allgemein als krisensicher gelten. Beispiele hierfür wären der Gesundheitssektor oder die Nahrungs- und Konsumgüterindustrien. Gegessen und getrunken wird immer, auch wenn die konjunkturelle Lage düster aussieht. Klar, auch an diesen Unternehmen gehen wirtschaftliche Abschwünge oder sogar Crashs nicht spurlos vorbei. Die Wahrscheinlichkeit, dass die etablierten Unternehmen, die dicken Schiffe der Wirtschaft, eine Krise überleben, ist in solchen Branchen jedoch größer, wie du am Beispiel der Coca Cola Company sehen kannst:

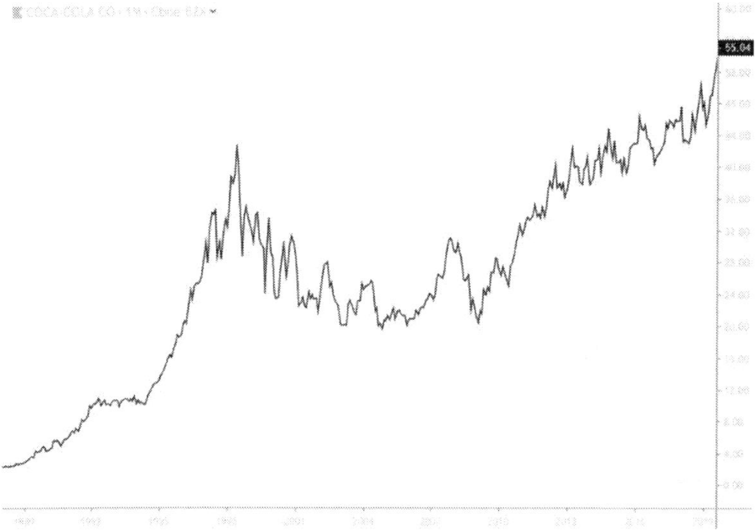

Nachdem du die für dich interessanten Branchen rausgesucht hast, kannst du mit der Beurteilung von Unternehmen beginnen.

6.2 Wichtige Kennzahlen bei der Bewertung von Aktien

Kennzahlen sind eine „Zusammenfassung von quantitativen, d.h. in Zahlen ausdrückbaren Informationen für den innerbetrieblichen (betriebsindividuelle Kennzahlen) und zwischenbetrieblichen (Branchen-Kennzahlen) Vergleich.“.[22]

Diese Definition sagt bereits aus, was bei der Anwendung von Kennzahlen ganz wichtig ist: der Vergleich innerhalb einer Branche. Alle Kennzahlen, die du im Folgenden kennenlernst, kannst du nur im Branchenvergleich anwenden. Wenn du das Kurs-Gewinn-Verhältnis von einem Energielieferanten mit dem eines Tech-Unternehmens vergleichen willst, dann aber Ciao Cesku. Ebenfalls sollte man nicht nur eine Kennzahl betrachten, sondern viele verschiedene quantitative und qualitative Faktoren in die Bewertung von Aktien einbeziehen. Diese Faktoren lernst du auf den nächsten Seiten kennen.

<u>Kurs-Gewinn-Verhältnis (KGV)</u>

$$\text{KGV} = \frac{\text{Aktienkurs}}{\text{Gewinn pro Aktie}}$$

Das KGV ist eine sehr beliebte und die wahrscheinlich am häufigsten genutzte Börsenkennzahl. Das KGV berechnest du, indem du den

[22] Prof. Dr. Willy Schneider (https://wirtschaftslexikon.gabler.de/definition/kennzahlen-41897)

Aktienkurs durch den Gewinn pro Aktie teilst. Den Gewinn pro Aktie kannst du im Normalfall auf zahlreichen Internetseiten oder im Geschäftsbericht ablesen. Falls nicht, berechnet sich der Gewinn pro Aktie, indem du den Gewinn des Unternehmens durch die Anzahl der ausgegebenen Aktien teilst.

Je niedriger das KGV, desto besser. Oft sieht man bei Unternehmen mit einer starken Marke und hohen Wachstumschancen einen Bewertungsaufschlag, wodurch ein hohes KGV zustande kommt. Die hohen Wachstumserwartungen sind dann schon im Aktienkurs eingepreist. Ein Kauf kann sich natürlich trotzdem lohnen, wenn das Unternehmen beispielsweise mehr Umsatz generiert, als vorher erwartet. Ein hohes KGV kann, muss aber kein Indiz für eine Überbewertung sein.

Daher bitte vor allem wieder darauf achten, dass du das KGV nur in derselben Branche vergleichst und nicht als einziges Kriterium nimmst. Wenn das Unternehmen keinen Gewinn macht, so kann man selbstverständlich auch kein KGV berechnen. Für diesen Fall eignet sich die Betrachtung des Kurs-Cashflow-Verhältnisses oder des Kurs-Umsatz-Verhältnisses.

Kurs-Cashflow-Verhältnis (KCV)

$$\text{KCV} = \frac{\text{Aktienkurs}}{\text{operativer Cashflow pro Aktie}}$$

Der Cashflow (Geldfluss) betrachtet die Geldflüsse des Unternehmens. Es gibt drei Cashflow-Arten: den operativen Cashflow, den Cashflow aus Investitionen und den Cashflow aus Finanzierungstätigkeiten. Bei der Betrachtung der Kennzahl KCV wird im Regelfall der operative Cashflow (auch Cashflow aus der laufenden Geschäftstätigkeit genannt) herangezogen. Der operative Cashflow beinhaltet den Jahresüberschuss sowie die Veränderung der Abschreibungen, Rückstellungen und des Umlaufvermögens. Den operativen Cashflow musst du nicht selber ausrechnen, da dieser normalerweise gesondert ausgewiesen wird. Auch den Cashflow pro Aktie kannst du im Internet herausfinden.

Das KCV berechnest du, indem du den aktuellen Kurs durch den Cashflow pro Aktie teilst. Auch hier gilt die Faustregel: Je niedriger das KCV, desto günstiger ist (im Branchenvergleich und bei Betrachtung der anderen Faktoren) die Aktie.

Der Vorteil des Cashflows ist, dass dieser nicht durch bilanzpolitische Tricks - wie beispielsweise die Auflösung von stillen Reserven - künstlich verbessert werden kann. Beim Jahresüberschuss wird oft mit allen möglichen Maßnahmen getrickst, um diesen zu verschönern. Zudem

eignet sich der Cashflow oder das KCV besser, um Unternehmen international zu vergleichen, da die Steuersätze je nach Land sehr unterschiedlich ausfallen können.
In Bezug auf die internationale Vergleichbarkeit ist auch die Betrachtung des EBIT (Earnings Before Interest and Taxes) interessant, da man hier auf den Jahresüberschuss die bezahlten Zinsen und Steuern wieder hinzurechnet. Unternehmen, die in verschiedenen Ländern ansässig sind, lassen sich damit einfacher miteinander vergleichen.

Zusätzlich ist die Betrachtung des Free Cashflows interessant, da man anhand dieser Kennzahl sehen kann, ob das Unternehmen die jährlichen Investitionen aus dem Geldfluss finanzieren kann. Den freien Cashflow berechnest du, indem du vom operativen Cashflow die Investitionen abziehst und Desinvestitionen addierst. Ein positiver Free Cashflow zeugt von großer Finanzstärke und zeigt unter anderem, wie viel Geld noch für die Dividendenausschüttung zur Verfügung steht.

Kurs-Umsatz-Verhältnis (KUV)

$$\text{KUV} = \frac{\text{Marktkapitalisierung}}{\text{Umsatz}}$$

Das Kurs-Umsatz-Verhältnis lässt sich unabhängig vom Gewinn eines Unternehmens ermitteln. Wenn das KGV keine Aussagekraft besitzt oder

das Unternehmen Verluste verzeichnet, kannst du als Alternative das KUV berechnen. Ohnehin ist es sinnvoll, in deine Analyse das KUV miteinzubeziehen.
Dazu teilst du die Marktkapitalisierung durch den Umsatz des Unternehmens. Das KUV hat ebenfalls den Vorteil, dass es nicht durch bilanzpolitische Maßnahmen manipuliert werden kann (siehe KCV). Auch beim KUV gilt wieder: je geringer das KUV im Vergleich zu Wettbewerbern, desto preiswerter ist die Aktie.

Das Hauptproblem des KUV besteht darin, dass die Umsatzrentabilität komplett außer Acht gelassen wird. Daher wieder der Hinweis, diese Kennzahl nicht isoliert zu betrachten.

Umsatzrentabilität

$$\text{Umsatzrentabilität} = \frac{\text{Gewinn}}{\text{Umsatz}} * 100$$

Die Umsatzrentabilität gibt an, wie viel Prozent des Umsatzes als Gewinn im Unternehmen bleibt. Je höher die Umsatzrentabilität, desto profitabler wirtschaftet ein Unternehmen.
Berechnet wird diese, indem man den Gewinn des Unternehmens durch den Umsatz teilt und mit dem Faktor 100 multipliziert. Wenn die Grünzeug AG beispielsweise 1 Mio.€ Umsatz generiert, wovon 0,5

Mio.€ als Gewinn verbleiben, so hätte Gregors Unternehmen eine Umsatzrentabilität von 50%. Die Profitabilität hängt wieder stark von der Branche ab. Grundsätzlich kannst du dir merken: je höher die Umsatzrentabilität, desto besser. Bei Betrachtung der Umsatzrentabilität über mehrere Jahre kannst du zudem sehen, ob das Unternehmen effizienter/profitabler geworden ist, was natürlich ein gutes Zeichen wäre.

Dividendenrendite

$$\text{Dividendenrendite} = \frac{\text{Aktienkurs}}{\text{Dividende pro Aktie}} * 100$$

Die Dividendenrendite haben wir ja bereits in Kapitel 5.4 kennengelernt. Sie gibt die prozentuale Ausschüttung (Rendite) auf den Kurs einer Aktie an. Wenn du auf Dividendentitel abzielst, macht es natürlich Sinn, die Dividendenrendite mit in die Aktienbewertung aufzunehmen. Dabei ist es zielführend, nicht nur die letzte Dividendenrendite, sondern vor allem die Stabilität der Auszahlungen zu betrachten. Wenn ein Unternehmen eine konstante Dividendenpolitik ausübt oder sogar die Dividenden jährlich anhebt, ist das ein positives Zeichen für die Stabilität des Unternehmens. Dabei sei gesagt, dass bei gleichbleibender Dividendenauszahlung, aber sinkendem Aktienkurs die Dividendenrendite steigt (gleiches Szenario gilt für steigende Dividendenzahlung aber gleichbleibenden Kurs etc.). Eine steigende Dividendenrendite sollte also nicht blind als positives

Zeichen gewertet werden. Oft ist es eben so, dass eine hohe Dividendenrendite gezahlt wird, da das Wertpapier auch ein hohes Risiko beinhaltet.

Eigenkapitalquote

$$\text{Eigenkapitalquote} = \frac{\text{Eigenkapital}}{\text{Gesamtkapital (Bilanzsumme)}} * 100$$

Die Eigenkapitalquote kann als Kennzahl zur Analyse der finanziellen Stabilität eines Unternehmens bezeichnet werden. Diese wird berechnet, indem du das Eigenkapital durch das Gesamtkapital (Bilanzsumme) teilst und mit dem Faktor 100 multiplizierst.

Je höher die Eigenkapitalquote, desto geringer ist die Verschuldung des Unternehmens. Unternehmen mit einer hohen Eigenkapitalquote werden daher als krisensicherer und kreditwürdiger eingestuft.
Eine Eigenkapitalquote von 100% ist jedoch nicht wünschenswert, da es häufig rentabler ist, einen Kredit für Investitionen aufzunehmen und das Wachstum der Firma voranzutreiben. Als Faustregel sagt man, dass eine EK-Quote über 30% als solide finanziert gilt. Eine EK-Quote zwischen 20-30% stellt eine neutrale Finanzierung dar und unter 20% sollte man vorsichtig sein, ob sich das Unternehmen nicht zu hoch verschuldet hat. Auch hier wieder explizit der Hinweis, diese Kennzahl nur in einer

Branche zu vergleichen, da beispielsweise Kreditinstitute oder Versicherungsunternehmen meist sehr geringe EK-Quoten aufweisen. So hat zum Vergleich die deutsche IT-Firma SAP eine Eigenkapitalquote von ca. 56% und die Deutsche Bank lediglich eine EK-Quote von rund 5%.

Wie du die Kennzahlen sinnvoll miteinander in Verbindung setzt und eine geeignete Aktienanalyse erstellst, zeige ich dir im folgenden Kapitel.

6.2.1 Meine Vorgehensweise bei der Aktienanalyse

In diesem Kapitel möchte ich dir meine Herangehensweise bei der Fundamentalanalyse zur Bewertung von Aktien an die Hand geben. Meine Analyse unterteilt sich in drei Hauptschritte:

1. Branche und interessante Unternehmen filtern
2. Fundamentaldaten in Excel-Tabelle eintragen
3. Punktebewertung anhand der Fundamentaldaten aus Excel-Tabelle

Im ersten Schritt suche ich mir Branchen heraus, die mich interessieren und denen ich in Zukunft Potenzial zuschreibe.
Wenn dich beispielsweise die Versicherungsbranche überhaupt nicht interessiert und du dir dort kein Investment vorstellen kannst, dann spar dir die Arbeit und analysiere diese Branche nicht.

Sobald du geeignete Branchen herausgesucht hast, schaust du nach Unternehmen, die dir zusagen, die in der Vergangenheit eine gute Performance abgeliefert haben und wahrscheinlich in Zukunft weiterhin profitabel am Markt agieren werden. Ich vermeide beispielsweise in diesem Schritt direkt solche Unternehmen, die kein Wachstum mehr vorweisen können und über Jahre hinweg einen sinkenden Umsatz oder Jahresüberschuss ausweisen.

Hast du dir interessante Unternehmen rausgesucht, so trägst du deren Fundamentaldaten in eine Excel-Tabelle ein. Der Übersichtlichkeit halber empfiehlt es sich, die Tabelle farbig zu gestalten. Auf meiner Website »www.timoklein.net« kannst du dir die farbige und durch Formeln automatisierte Excel-Version kostenfrei herunterladen.

Zur besseren Lesbarkeit habe ich meine Tabelle dreigeteilt.

	Land	Marktkap. (in Mrd.)	Akt. Kurs	Kurs (FY-1)	Kurs (FY-3)	Kurs (FY-5)	Umsatz	Umsatz (FY-1)	Umsatz (FY-3)	Umsatz (FY-5)	Ergebnis	Ergebnis (FY-1)	Ergebnis (FY-3)	Ergebnis (FY-5)	Ergebnis je Aktie
Unternehmen x															
Unternehmen Y															
Unternehmen ...															

	Oper. Cashflow	Oper. CF (FY-1)	Oper. CF (FY-3)	Oper. Casfhlow pro Aktie	Free Cashflow	Akt. Div.Rendite	Div.Rendite (FY-1)	Div.Rendite (FY-3)	Div.Rendite (FY-5)	Eigenkapital-quote	KGV	KCV	KUV
Unternehmen x													
Unternehmen Y													
Unternehmen ...													

	Umsatzrent.	Umsatzrent. (FY-1)	Umsatzrent. (FY-3)	Umsatzrent. (FY-5)	Geschäfts-modell	Produkte	Kunden	Wettbewerb	Alleinstellungs-merkmal	Bekanntheit	Inter-nationalität
Unternehmen x											
Unternehmen Y											
Unternehmen ...											

Nun trägst du die fundamentalen Daten der Unternehmen in diese Tabelle ein und kannst die Unternehmen bereits wunderbar miteinander vergleichen. Dabei entscheidest du natürlich selber, welche fundamentalen Daten du in deine Tabelle aufnehmen wirst. Wenn du der Meinung bist, dass die Entwicklung der Umsatzrentabilität keine Relevanz für deine Analyse hat, dann kannst du diese natürlich auslassen. FY steht in diesem Fall für "fiscal year" und bedeutet so viel wie Rechnungsjahr. Wie du in der Tabelle siehst betrachte ich also nicht nur den Umsatz des aktuellsten Geschäftsjahres, sondern zusätzlich die Entwicklung des Umsatzes über mehrere Jahre. Mit Formeln kannst du dir ganz einfach anzeigen lassen, wie hoch beispielsweise der prozentuale Umsatzanstieg im Vergleich zum Vorjahr war. Durch Formatierungen kannst du dir direkt mit Ampelfarben kennzeichnen lassen, ob alles im grünen Bereich ist. Damit du dir die Arbeit sparst, hier noch einmal der Hinweis: Die komplette, formatierte und mit vorgefertigten Formeln bepackte Excel-Tabelle findest du auf meiner Website.

Bei den mit dem Geschäftsmodell beginnenden und der Internationalität endenden qualitativen Faktoren empfiehlt es sich, die Spalten etwas größer zu halten, da hier etwas ausführlichere Texte eingefügt werden

können. Die fundamentalen Daten findest du zu jedem Unternehmen auf zahlreichen Websites, die ich dir in den Anhang gepackt habe.
Nachdem du die Tabelle ausgefüllt hast, besitzt du eine Übersicht jeder Branche mit den wichtigsten Kennzahlen der relevanten Unternehmen.
Wenn du mit dieser Tabelle fertig bist, hast du den größten Teil der Arbeit schon erledigt. Nun kannst du entweder direkt entscheiden, in welche Unternehmen du investierst, oder du erstellst noch eine Punktebewertung.
Die folgende Punktebewertung habe ich von Beate Sander, einer tollen deutschen Lehrerin und Investorin, übernommen und leicht umgewandelt.
Der Vorteil liegt darin, dass eine objektive Betrachtung der Unternehmen sichergestellt wird.

Mir ist es schon oft passiert, dass ich nach Schritt 1 und 2 ein Unternehmen als Favorit herausgeschrieben habe und total überzeugt war, in dieses Unternehmen zu investieren. Nachdem ich dann aber den dritten Schritt (die Punktebewertung) durchgeführt habe, merkte ich bereits des Öfteren, dass ich lieber in ein anderes Unternehmen investieren sollte, da es objektiv betrachtet erfolgsversprechender ist.

Bewertungsfaktor	0	1	2	3	Punktzahl
Gewichtung x3					
Umsatzwachstum					
Gewinnnwachstum					
KCV					
KUV					
Dividendenrendite					
Stabilität der Dividende					
Geschäftsmodell					
Zwischensumme					
Gewichtung x2					
KGV					
Stellung im Wettbewerb					
Eigenkapitalquote					
Krisensicherheit (subjektiv)					
Umsatzrentabilität					
Entwicklung Umsatzrentabilität					
Entwicklung Operativer Cashflow					
Wachstumschancen (subjektiv)					
Zwischensumme					
Gewichtung x1					
Internationalität					
Free Cashflow					
News					
Land					
Sympathie					
Zwischensumme					
Endergebnis					

Diese Punktebewertung führst du mit jedem potenziellen Investment durch. Wie du deine Faktoren gewichtest, hängt natürlich von deinen Präferenzen und der Branche ab. Wenn du beispielsweise Technologie-Unternehmen bewertest, macht es wenig Sinn, die Dividendenrendite in die Analyse einzubeziehen, da in dieser Branche selten eine Dividende ausgezahlt wird. Du solltest die hier dargestellte Tabelle nur als Orientierungshilfe nehmen. Die farbige und automatisierte Excel-Version kannst du dir ebenfalls auf meiner Website »www.timoklein.net« kostenfrei herunterladen. Im Normalfall hast du dann einen Punktesieger oder zwei bis drei Unternehmen, die eine ähnlich hohe Punktzahl in deiner Bewertung erreichen. Bei diesen Unternehmen kannst du dir zusätzlich anschauen, ob sich die Unternehmensdaten in Bärenmärkten schwerwiegend verschlechtert haben oder ob Krisen gut überstanden wurden.

Zusätzlich solltest du die aktuellen Konjunkturdaten und die gesamtwirtschaftliche Lage nicht unberücksichtigt lassen. Sobald ich mit der Punktebewertung fertig bin, schaue ich mir die Charts der „Sieger-Unternehmen“ technisch an, um einen geeigneten Einstiegspunkt zu finden. Die technische Analyse stelle ich dir im folgenden Kapitel vor.

6.3 Technische Analyse

Manche schwören auf die fundamentale, manche auf die technische Analyse. Ich vertrete die Meinung, dass man ein Unternehmen zunächst fundamental bewerten und falls die Zahlen stimmig sind, die Aktie technisch analysieren soll. Die fundamentale Analyse solltest du nutzen, um zu entscheiden **ob** du in ein Unternehmen investierst und die technische Analyse, um zu entscheiden, **wann** du investierst.

Die technische Analyse bzw. Chartanalyse kann man äußerst ausführlich gestalten. Wir konzentrieren uns in diesem Buch auf die Basics, die dir für deinen Einstieg ins Börsenleben auf jeden Fall ausreichen. Dazu besprechen wir die drei möglichen Trends eines Charts sowie Widerstands- und Unterstützungslinien.

Da die meisten Chartanalysen mit japanischen Candlesticks durchgeführt werden (siehe Abbildungen unten), erkläre ich dir noch kurz wie eine Kerze aufgebaut ist.

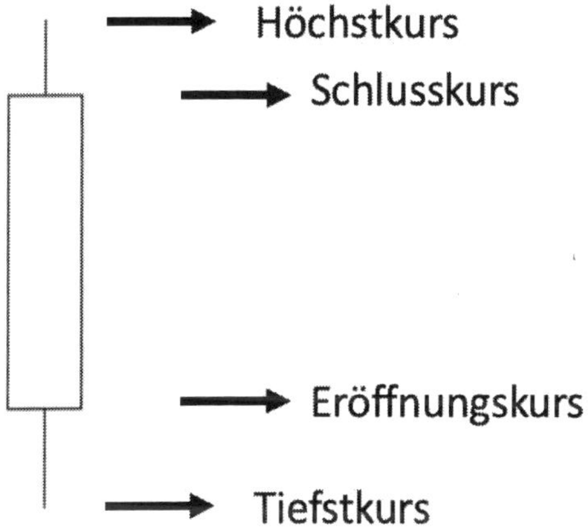

Eine positive Kerze wird immer grün oder weiß dargestellt, während eine negative Kerze rot bzw. schwarz dargestellt wird. Der Kerzenkörper zeigt den Eröffnungs- und den Schlusskurs. Der Kerzendocht (die dünnen Linien ober- und unterhalb des Kerzenkörpers) zeigen jeweils den Tiefst- und den Höchstkurs der betrachteten Zeiteinheit. Bei einer negativen Kerze wären der Eröffnungs- und Schlusskurs logischerweise vertauscht, da eine negative Kerze tiefer schließt, als sie öffnet.

6.3.1 Verschiedene Trends

Ein Chart kann in drei Richtungen laufen: aufwärts, abwärts und seitwärts. Diese Trends können wir uns nach ausführlicher fundamentaler Analyse zunutze machen, um einen geeigneten Einstieg zu finden.

Vorher bessern wir dein Börsenvokabular noch etwas mit wichtigen Begriffen, die man immer wieder in Bezug auf verschiedene Trends hört, auf. Wenn jemand von einem Bullenmarkt oder einer Hausse spricht, sind damit steigende Börsenkurse beziehungsweise ein Aufwärtstrend gemeint. Spricht jemand von einem Bärenmarkt oder einer Baisse, so meint er damit fallende Börsenkurse beziehungsweise einen Abwärtstrend.

Abwärtstrend

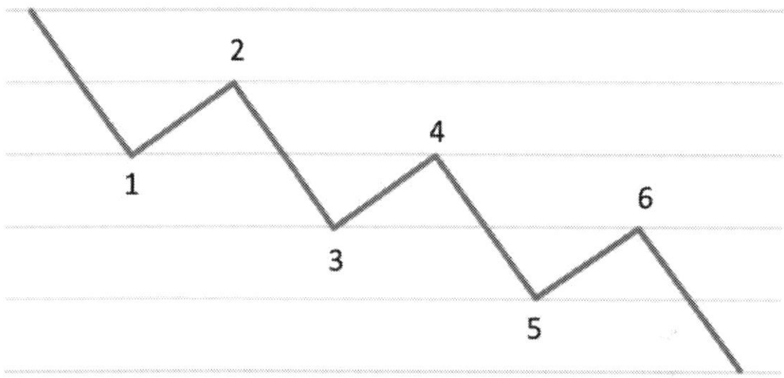

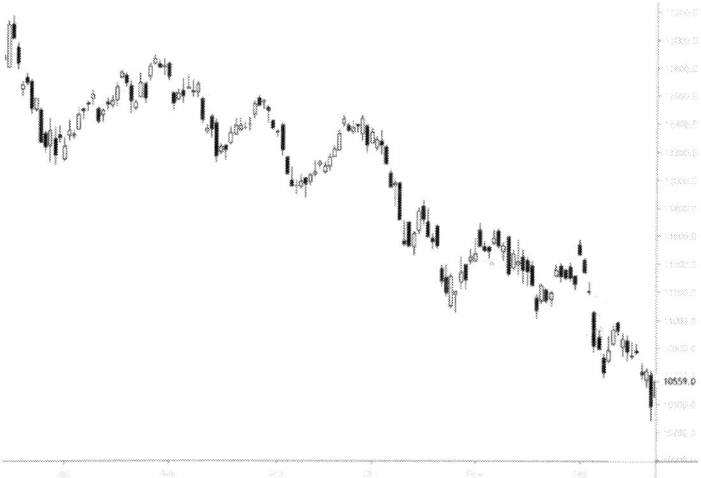

Die beispielhafte Darstellung oben und die reale Darstellung vom DAX ab Mitte 2018 zeigen einen Abwärtstrend. Ein Abwärtstrend besteht aus mehreren Minima (Tiefpunkte) und Maxima (Höhepunkte). Die ungeraden Zahlen (1,3,5) stellen in der obigen Abbildung lokale Minima, und die geraden Zahlen (2,4,6) lokale Maxima dar. Das nachfolgende Minimum (3) sollte in einem intakten Trend immer tiefer als das vorherige Minimum (1) sein. Ebenfalls sollte das nachfolgende Maximum (4) immer tiefer als das vorherige Maximum (2) sein.

Wenn sich eine für dich kaufenswerte Aktie eines interessanten Unternehmens noch im Abwärtstrend befindet, solltest du mit dem Kauf noch etwas warten. Man sagt grundsätzlich, dass der Trend tendenziell eher anhält, also fortgesetzt wird und man nicht gegen den Trend kaufen sollte. Zum Einstieg in eine Aktie solltest du besonders als Anfänger lieber den Aufwärtstrend nutzen, den ich dir nun vorstelle.

Die Chartbilder kann man in verschiedenen Zeiteinheiten betrachten. Du kannst die Zeiteinheit, in der Änderungen angezeigt werden sollen, auf der jeweiligen Plattform einstellen. Kurzfristige Änderungen siehst du beispielsweise beim 1-Minuten- oder 5-Minuten-Chart. Für langfristige Investments empfiehlt sich jedoch, sich die Chartbilder auf einer Tages- oder Wochenbasis anzuschauen.

Aufwärtstrend

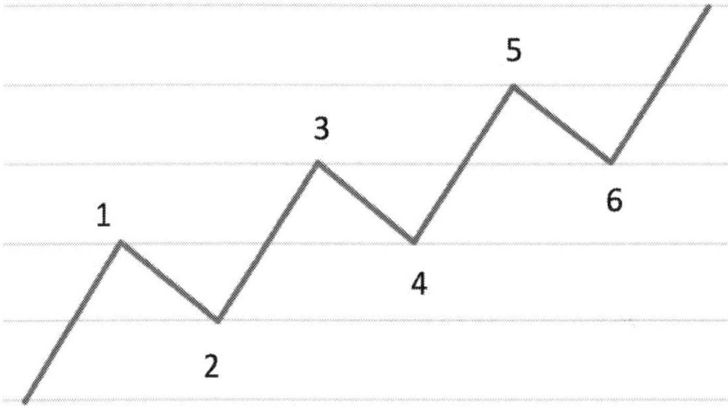

Ein Aufwärtstrend besteht ebenfalls aus mehreren Minima und Maxima. Das nachfolgende Minimum sollte in diesem Fall immer höher sein als das vorherige und das nachfolgende Maximum höher als das vorherige

Maximum. Die beispielhafte Darstellung oben und die reale Darstellung vom DAX ab Anfang 2019 zeigen einen Aufwärtstrend. Die ungeraden Zahlen (1,3,5) stellen in der obigen Abbildung lokale Maxima, und die geraden Zahlen (2,4,6) lokale Minima dar. Die abwechselnde Folge von Minimum und Maximum siehst du auch im realen Chart vom DAX Anfang 2019. Ab und zu kann eine kleine Korrektur mal unter das vorherige lokale Minimum rutschen. Wenn das darauffolgende Maximum wieder höher als das vorherige Maximum ist, ist der Aufwärtstrend noch intakt. Einen Aufwärtstrend kannst du wunderbar nutzen, um Aktien zu kaufen. Sagen wir, du hast die fundamentale Analyse abgeschlossen und dich für ein Unternehmen entschieden. Nun schaust du dir den Chart an und siehst, dass der Kurs dieser Aktie gerade an Punkt 3 ist. Dann solltest du vielleicht noch etwas warten, bis sich der Kurs an Punkt 4 befindet und wieder zu steigen beginnt. So kannst du immer noch ein paar Prozent gutmachen. Allgemein gilt aber natürlich: Time schlägt Timing. Wenn du die Aktie langfristig hältst und diese sich fabelhaft entwickelt, werden dich möglicherweise 2% mehr oder weniger auch nicht mehr besonders interessieren.

Seitwärtstrend

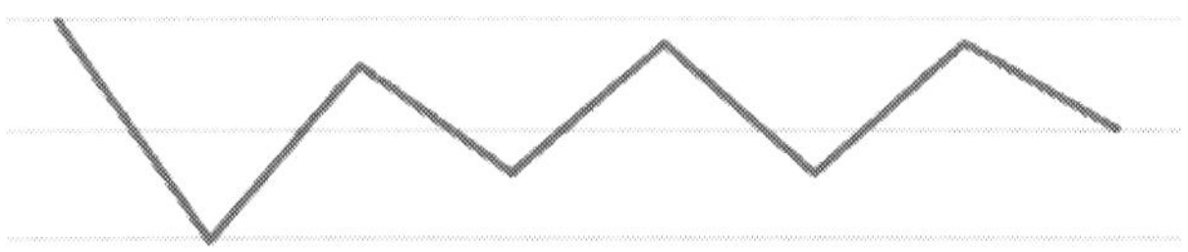

In den obigen beiden Abbildungen sehen wir einen Seitwärtstrend. Es ist weder ein klarer Aufwärts- noch ein klarer Abwärtstrend zu erkennen.
Im realen Chart (untere Abbildung) sehen wir das Kursbild der Amazon-Aktie vom 01. August 2017 bis zum 22. November 2017. Der Kurs befand sich fast zwei Monate in einem Seitwärtstrend, bis er nach oben ausbrach und sich Aufwärtstrend abzeichnete. Der Grund für den Ausbruch (und die dadurch entstandene Kurslücke) war die Veröffentlichung der Quartalsergebnisse. Amazon hatte die Erwartungen der Analysten weit übertroffen, was einen enormen Kurssprung nach sich zog.

Seitwärtstrends solltest du für einen Einstieg meiden, da hier zunächst unklar ist, in welche Richtung sich der Aktienkurs entwickelt. Bricht der Kurs nach oben aus und beginnt ein Aufwärtstrend, kannst du die Gelegenheit dann natürlich nutzen.

6.3.2 Unterstützung und Widerstand

Die Trading Indikatoren Unterstützung (Support) und Widerstand (Resistance) können wir uns ebenfalls für einen Einstieg zunutze machen. Die eingezeichneten Linien, die eine weitere Abwärtsbewegung aufhalten können, nennt man Unterstützungen. Linien, die einen weiteren Anstieg des Kurses aufhalten können, nennt man Widerstände.

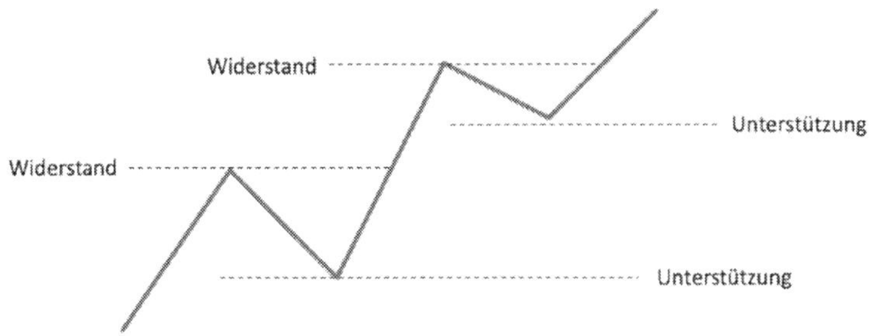

Je öfter eine eingezeichnete Widerstands- oder Unterstützungslinie getestet wurde, desto aussagekräftiger ist sie. Getestet bedeutet in diesem Fall, dass der Aktienkurs bereits öfter an dieser von uns eingezeichneten Linie abgeprallt ist, wie du es beispielsweise in diesem realen Chart von Facebook sehen kannst:

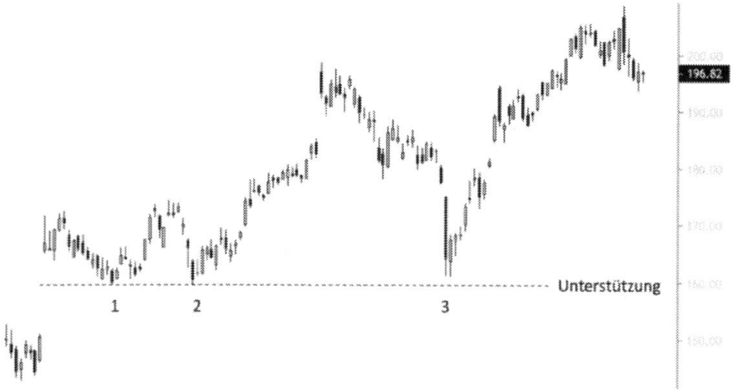

Unterstützungen und Widerstände haben - wie so vieles an der Börse - eine rein psychologische Ursache. Viele Trader verhalten sich an solchen Punkten ähnlich. So sind beispielsweise runde Zahlen auch oft Widerstände oder Unterstützungen. Wenn die bereits getestete Unterstützung mehrmals hält, ist es wahrscheinlich, dass sie auch ein weiteres Mal als Unterstützung dient, sollte der Kurs wieder in diese Zone abrutschen. Natürlich bricht jede Unterstützung und jeder Widerstand irgendwann, sonst hätte man ja nie einen Trendwechsel im Chart. Dazu ist zu erwähnen, dass ein durchbrochener Widerstand zur Unterstützung und umgekehrt eine durchbrochene Unterstützung zum Widerstand wird, wie du am folgenden Beispiel der Wendys Company sehen kannst:

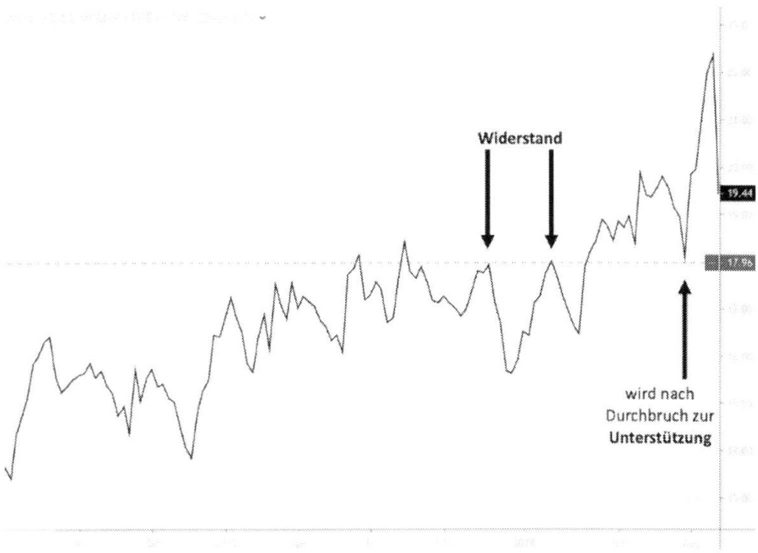

Solange eine Unterstützung jedoch hält, kannst du diese Zonen nutzen, um in eine Aktie einzusteigen. So hätte man in dem Beispiel von Facebook bei Punkt 3 die Chance nutzen können, um die Aktie günstig zu kaufen, als der Kurs wieder an der Unterstützungslinie nach oben abgeprallt ist.

Sollte sich der Aktienkurs deines favorisierten Unternehmens an einem Widerstand befinden, rate ich dir, mit dem Kauf abzuwarten. Du solltest beobachten, ob der Kurs daran abprallt oder diesen durchbricht. Wenn die Widerstandszone nachhaltig durchbrochen wird, kannst du die Aktie kaufen. Prallt der Kurs am Widerstand ab, solltest du noch etwas warten, da der Kurs dann wahrscheinlich noch etwas fallen wird. Das sieht man gut im folgenden Beispiel.

In diesem Beispiel von Bayer ist der Kurs vier Mal an einer Widerstandszone abgeprallt. Wie du siehst, hätte es keinen Sinn gemacht, an einem dieser Punkte die Aktie zu kaufen, da der Kurs immer wieder an der eingezeichneten Widerstandslinie abgeprallt und letztendlich weiter gefallen ist. So kannst du Unterstützungen und Widerstände nutzen, um den geeigneten Einstieg für den Kauf deiner Aktie zu finden.

7 Los geht's: Die ersten Schritte

7.1 Broker finden und Aktiendepot eröffnen

Nachdem du jetzt das Basiswissen gesammelt hast, geht es rein in die Praxis. Die erste Frage, die wir uns stellen müssen, lautet: Welcher ist der für meinen Anlass geeignete Broker? Bei welchem Anbieter eröffne ich ein Depot?
Um das herauszufinden, betrachten wir vier Kriterien, die ich dir im Folgenden vorstelle.

1. Hausbank oder Onlinebroker?

Du kannst dein Depot bei einer Hausbank beziehungsweise Filialbank oder einem Onlinebroker einrichten. Beides hat wie fast alles im Leben Vor- und Nachteile. Bei der Filialbank genießt du den Service eines Bankangestellten und kannst dich bei deiner Geldanlage beraten lassen. Da dieser Service den Banken eine Menge Geld kostet (Personalkosten, Mietkosten, die Kosten für den Kaffee, den du während des Gesprächs schlürfst), sind Depots bei Filialbanken teurer als bei Onlinebrokern. Das ist natürlich verständlich, denn wie jedes andere Unternehmen auch, übernimmt nicht das Unternehmen selbst, sondern deren Kunden die erhöhten Kosten. Wer sich also gut vorbereitet fühlt und davon ausgeht, er könne sein Depot selbst verwalten (das wirst du nach diesem Buch können), dem empfehle ich, sein Konto bei einem Onlinebroker einzurichten. Besonders vor dem Hintergrund, dass du in kurzer Zeit sehr viel über die Börse und Aktien lernen kannst und dich viel intensiver mit dem Thema beschäftigst, wenn du ein selbstverwaltetes Depot führst, empfehle ich dir, ein Depot beim Onlinebroker zu eröffnen und von den günstigeren Konditionen zu profitieren. Wenn du mal Probleme mit dem Depot oder allgemeine Fragen haben solltest, so haben diese meist einen Support, der zügig antwortet.

2. Laufende Kosten und Transaktionsgebühren

Zunächst einmal zu den laufenden Kosten beziehungsweise Depotgebühren. Du solltest keine laufenden Kosten für ein Depot zahlen müssen. Wenn du Anbieter vergleichst und siehst, dass einer von diesen Anbietern dir pauschal eine jährliche Depotgebühr abziehen würde, dann such dir eine andere Bank. Die meisten erheben keine Depotführungsgebühren.

Bei den Transaktionsgebühren gibt es große Unterschiede. Hier kann man zwischen prozentualen und absoluten Orderprovisionen unterscheiden. Manche Broker verlangen beispielsweise 5€ pro Transaktion, andere Broker verlangen 0,5% der Investitionssumme als Gebühr. Was sich in diesem Fall lohnt, kommt ganz auf deine Investitionssumme an. Hier ein Beispiel für einen Aktienkauf. Broker A verlangt pro Transaktion 5€ und

Broker B 0,5%. Im 1. Beispiel kaufen wir Aktien für 200€, im 2. Beispiel für 2.000€.

	Broker A	Broker B
1. Beispiel:		
Investitionssumme	200 €	200 €
Gebühr pro Transaktion:	5 €	0,50%
Anfallende Gebühren	5 €	1 €
2. Beispiel:		
Investitionssumme	2.000 €	2.000 €
Gebühren pro Transaktion	5 €	0,50%
Anfallende Gebühren	5 €	10 €

Im ersten Beispiel investieren wir eine geringere Summe. Wie du anhand der Abbildung siehst, würde hier ein Depot bei Broker B, der die Gebühren prozentual erhebt, Sinn machen. Im zweiten Beispiel investieren wir bereits eine höhere Summe und sehen, dass hier Broker A, der die Gebühren pauschal mit 5€ abrechnet, für uns kostengünstiger wäre.

Du siehst also: Abhängig von der investierten Summe rentiert sich eher eine prozentuale oder eine absolute Gebühr für dich. Allgemein kannst du dir auf jeden Fall merken, dass ein Onlinebroker meist deutlich günstigere Konditionen anbietet als eine Filialbank.

Bei den Kosten solltest du ebenfalls die sogenannten Handelsplatzgebühren im Blick haben, da die Broker bei manchen Börsen höhere Kosten erheben. Wenn du beispielsweise Aktien über die

Budapester Börse in Ungarn kaufen willst, sind die Gebühren höher als beispielsweise bei der elektronischen XETRA in Deutschland.
Manche Broker berechnen ebenfalls Gebühren für die Abwicklung von Dividendenauszahlungen. Auch darauf solltest du achten. Eine detaillierte Preisübersicht kannst du dir vor Eröffnung deines Kontos auf den Internetseiten der Broker ansehen und diese auch auf Vergleichsportalen miteinander vergleichen.

3. Umfang des Produktangebots

Mit dem Umfang des Produktangebots ist gemeint, ob der Broker verschiedene Anlagearten anbietet. Du solltest also prüfen, ob du bei deinem Broker nur Aktien, nur ETFs, nur Fonds etc. handeln kannst oder ob dir eine breite Produktpalette geboten wird und du auch in mehrere Anlagearten investieren kannst. Manchmal ist eine Mischung von verschiedenen Anlagearten in einem Depot nicht möglich. Falls du also beispielsweise gleichzeitig in Aktien und ETFs investieren möchtest, solltest du dich darüber vorher informieren.

Weiterhin ist zu beachten, welche Handelsplätze angeboten werden. Wieder zurück zur Budapester Börse: Du verliebst dich total in das Spirituosen herstellende, ungarische Unternehmen Zwack und möchtest unbedingt Anteile kaufen. Da du selber jede Menge der Spirituosen von Zwack trinkst und dir denkst, dass du an jedem eigenen Schluck also etwas verdienst, gibst du das Unternehmen in deiner Suchleiste beim Broker ein. Und dann: Schock! Die Aktien dieses Unternehmens werden nur an der Budapester Börse gelistet, doch dein Broker bietet keinen Handel mit dieser Börse an. Das ungarische Beispiel ist vielleicht etwas überspitzt, trifft den Nagel jedoch auf den Kopf. Du solltest dich vorher informieren, welche Handelsplätze dein Broker anbietet, wenn du Unternehmen aus dem Ausland kaufen möchtest, die teilweise nicht an den deutschen Börsen gelistet werden.

4. Einlagensicherung

Wie oben bereits erwähnt, gelten Aktien, Fonds und voll replizierende ETFs als Teil des Sondervermögens und sind dadurch vor Insolvenz geschützt. Wenn dein Anbieter Insolvenz anmeldet, kannst du die Wertpapiere problemlos an einen anderen Broker übertragen und dir dort dein Depot einrichten. Beim Cash, welches auf dem Konto liegt, sieht die Sache wieder etwas anders aus. Das Geld, welches aktuell nicht investiert ist und auf dem Konto des Brokers liegt ist bis zu einem Höchstbetrag von 100.000€ durch eine Einlagensicherung geschützt. Viele Leute denken, ihr Geld sei bei einer Filialbank sicherer, als bei einem Onlinebroker. Solange sich der Broker in der EU befindet, greifen auch hier die gleichen Richtlinien und das Geld ist geschützt.

Fassen wir noch einmal kurz zusammen. Möchtest du Eigenverantwortung übernehmen und dich selbst mit diesem Thema beschäftigen, so eröffnest du besser bei einem Onlinebroker dein Depot. Dort solltest du dir vorher die Gebühren sowie die Produktpalette anschauen. Allgemein ist es jedoch nicht kriegsentscheidend, bei welchem Broker du dein Konto eröffnest, da du den Anbieter bei Bedarf wechseln kannst und ohnehin die Auswahl der richtigen Aktien entscheidender für deinen Erfolg ist.

Wie eröffnest du nun ein Konto bei deinem Wunschbroker?

Bei einem Onlinebroker läuft das ziemlich schnell und unkompliziert ab. Nachdem du dich für einen Broker entschieden hast, erstellst du bei diesem einen Account und trägst deine persönlichen Daten ein. Zusätzlich gibst du ein Referenzkonto an, von dem du im Laufe deines Investor-Daseins Ein- und Auszahlungen tätigen wirst. Nachdem du den Antrag online ausgefüllt hast, erhältst du eine Bestätigungsmail. Anschließend druckst du den Antrag aus und bestätigst als letzten Schritt noch deine Identität. Die Identitätsfeststellung erfolgt entweder über das PostIdent-Verfahren oder - falls der ausgewählte Broker diese Variante anbietet - das VideoIdent-Verfahren.

Beim PostIdent-Verfahren gehst du mit dem ausgefüllten Antrag sowie deinem Ausweis zu einer Postfiliale und lässt dir deine Identität vor Ort bestätigen. Der Antrag wird dann vom Postangestellten zum Onlinebroker gesendet. Beim VideoIdent-Verfahren befindest du dich im Video-Chat mit einem Mitarbeiter des Brokers und zeigst diesem deinen Ausweis und bestätigst auf diesem Wege deine Identität.

Sobald diese Schritte erledigt sind und dein Depot eröffnet, kann es auch schon losgehen. Doch mit wie viel Geld sollte man eigentlich zu Beginn investieren? 50€? 100€? 1.000€? Diese Frage klären wir im nächsten Kapitel.

7.2 Mit wie viel Geld beginnen?

Bei diesem Thema spalten sich die Meinungen. Manche Leute empfehlen dir, erstmal eine Summe von 10.000€ anzusparen und dann erst in Aktien zu investieren. In meinen Augen völliger Nonsens. Ich bevorzuge das Prinzip, sich gut auf eine Sache vorzubereiten und dann nach dem Motto "Learning by Doing" vorzugehen. Du kannst noch so viele Sachbücher, Ratgeber, Fachliteratur und Beiträge lesen. Irgendwann musst du einfach mal anfangen. Natürlich solltest du nicht unvorbereitet in das Börsenleben einsteigen. Sich jedoch drei Jahre lang, ohne jegliches Investment getätigt zu haben, in der Literatur zu verlieren, ist garantiert nicht der korrekte Weg. Ein Beispiel aus dem alltäglichen Leben: Gesellschaftsspiele. Dein Freund packt ein neues Gesellschaftsspiel aus und erklärt dir und deinen Freunden zehn Minuten lang die Spielweise und Regeln. Nach diesen zehn Minuten raucht dein Kopf und ihr alle sagt im Einklang: „Ach kommt, lasst uns einfach anfangen - wir lernen das Spiel sowieso währenddessen viel besser. Fangen wir mit einer Proberunde an!“

An der Börse ist es in meinen Augen genauso. Niemand, wirklich niemand, wird der absolute Vollprofi gewesen sein, bevor er seine ersten Aktien gekauft hat. Die Börsenlegende Warren Buffett hat seine erste Aktie im Alter von 11 Jahren gekauft. Denkst du, dass der kleine Warren damals 10.000€ investiert hat? Forget it. Er hat sich drei Aktien des Unternehmens „Cities Service“ zum Preis von je ca. 38 Dollar gekauft. Anschließend sackte der Preis pro Aktie auf 27 Dollar ab. Warren Buffett bewies Nerven und hielt die Aktien, bis sie schließlich wieder auf 40 Dollar stiegen. Dann verkaufte er sie. Hätte er sie weiter behalten, hätte er um einiges mehr erwirtschaften können, denn die Aktien des Unternehmens stiegen noch auf 200 Dollar pro Aktie.[23] War diese Investition also falsch? Nein, natürlich nicht. Der junge Warren ist mit circa 114 Dollar eingestiegen und hat in der Zeit mit Sicherheit eine Menge gelernt. Learning by Doing eben.

Beantworte dir die Frage selbst: Was hältst du für sinnvoller? Dich 2 Jahre vorzubereiten und zu sparen, dann mit 10.000€ Kapitel einzusteigen, möglicherweise 50% deines Investments zu verlieren, weil beispielsweise die falschen Aktien ausgewählt wurden, der Markt schlecht lief, ein Wirtschaftskrieg angezettelt wurde, eine Tankstelle deines Unternehmens explodiert ist oder das Unternehmen eine Sammelklage an den Hals gehetzt bekommen hat? Es gibt so viele Faktoren, die eine Aktie auch nach unten treiben können und dann stehst du nach einem Jahr da und hast direkt mal satte 5.000€ Verlust gemacht. Dafür hast du allerdings aus deinen Fehlern gelernt und kannst nun versuchen, alles besser zu machen. Oder wäre es nicht besser, nach dem Lesen dieses Buches mit 500€ einzusteigen, möglicherweise 50% deines Kapitals aus den oben genannten, beispielhaften Gründen zu verlieren und nach einem Jahr 250€ Verlust zu verbuchen? Dann hast du genauso viel gelernt und kannst jetzt mit nur 250€ anstatt 5.000€ Verlust fortsetzen, weiter lernen und es immer wieder besser machen. Dazu kommt, dass du dich zu 100% intensiver mit

[23] https://www.boerse.de/warren-buffett/wissen/erste-aktien

dem Thema beschäftigst, wenn du aktiv investiert bist und Wertpapiere besitzt, statt in deinen Büchern festzustecken, dir eine nette Summe anzusparen und dann erst die 10.000€ zu investieren. Zudem sei gesagt, dass ich viele Menschen kenne, die sich eine nette Summe beiseitelegen wollen (beispielsweise eine Sparsumme von 10.000€). Dann haben sie 7.000€ auf dem Konto liegen. Man sieht den allzeit verfügbaren, netten Betrag: „Ach komm, da kann man sich doch mal zwei Wochen in Thailand gönnen! Dann kann ich mir zwar keine Aktie der Grünzeug AG kaufen, aber viel Grünzeug gibt es da auch." Nein, nein und nochmals nein. Das ist nicht der Sinn der Sache. Wir wollen uns langfristig ein Vermögen aufbauen und im besten Fall gegen eine verschwindend geringe Rente absichern und das tun wir am besten, wenn wir sofort mit dem investieren beginnen und immer weiter lernen. Ganz wie Bodo Schäfer schon sagte "KLUW": konstant lernen und wachsen. Wir lernen nie aus und der beste Zeitpunkt, um anzufangen, ist jetzt. Das trifft nicht nur für den Bereich Finanzen in deinem Leben zu. Wenn du für eine Sache brennst, etwas unbedingt ausprobieren oder lernen willst, dann fang sofort damit an. Hör auf, die Dinge vor dir herzuschieben - Ausreden machen uns arm. Wenn du surfen lernen willst, dann fang damit an. Wenn du eine neue Sprache lernen willst, dann fang damit an. Wenn du unzufrieden mit deinem Job bist und weißt, du solltest dir eine neue Stelle suchen um glücklicher zu sein, dann fang damit an. Wenn du erkannt hast wie wichtig dein Vermögen für die Zukunft sein wird, dann fang damit an!

Ich rede mich in Rage, tut mir leid. Mir liegt das Thema finanzielle Bildung - vor allem für junge Leute - wirklich am Herzen. Ein Freund von mir sagte einmal: „Zerdenkt die Sachen nicht und fangt einfach an. Sucht euch Sachen raus, von denen ihr denkt, dass sie euch weiterbringen. Und wenn ihr es nicht schafft, anzufangen, dann hört einfach auf, faule Penner zu sein.“ Etwas derbe ausgedrückt aber prinzipiell hat er Recht.

Um dir aber mal eine Investitionssumme an die Hand zu geben: Ich habe meine ersten Aktien für 54,83€ gekauft (damals 3x Deutsche Bank und 2x Deutsche Lufthansa AG). Die Gebühren betrugen 2€ pro Transaktion, also insgesamt 4€. Circa 1,5 Monate später habe ich diese Aktien wieder für insgesamt 74€ verkauft. Auf den Verkauf habe ich natürlich wieder 4€ Transaktionskosten gezahlt. Nach Abzug der Gebühren habe ich also 11,17€ Gewinn gemacht. Grandios - finanzielle Freiheit, ich komme!
Spaß beiseite. Natürlich ist das keine große Summe und die Aktien, die man kauft, sollte man für gewöhnlich länger als nur 1,5 Monate halten. Aber habe ich daraus eine Menge gelernt? Auf alle Fälle. Habe ich mich zu der aktiven Zeit mit Aktien beschäftigt? Worauf du einen lassen kannst! Ich habe gefühlt alle drei Stunden mein Depot gecheckt und geschaut, was die Weltmärkte so treiben. So verrückt sollte man das Investieren natürlich nicht betreiben. Mittlerweile bin ich in diesem Thema auch entspannter und schaue nicht mehr täglich in mein Depot rein. Ich bin von meinen Aktien überzeugt und weiß, dass ich diese lange halten will. Dann braucht man nicht alle drei Stunden in sein Depot zu schauen. Du solltest jedoch die Weltmärkte im Blick behalten und

zumindest alle paar Wochen mal einen Blick auf eine Finanzwebsite werfen.
Bei deinem Startkapital musst du natürlich selber wissen, mit welcher Summe du dich wohl fühlst. Investiere kein Geld, das du nicht abschreiben kannst und möglicherweise in 3 Monaten wieder benötigst. Dann läufst du Gefahr, die Aktien mit sattem Verlust wieder notgedrungen verkaufen zu müssen („Töte deine Gänse nicht"). Investiere die Summe, mit der du dich wohl fühlst und bei der deine Rendite nicht von den Transaktionskosten aufgefressen wird.
Wenn du zum Beispiel 200€ investieren möchtest, bei deinem Broker 5€ pro Transaktion bezahlst, dir für 100€ Aktien eines Unternehmens X kaufst und für 100€ Aktien von Unternehmen Y, so bezahlst du bereits 10€ Ordergebühren. Da du die Aktien ja irgendwann noch einmal verkaufen wirst, schlagen also insgesamt 20€ Transaktionskosten zu Buche. Bei einer Investitionssumme von 200€ wären das satte 10%, was nicht zielführend ist.

Zusammenfassend solltest du so früh wie möglich mit dem Investieren beginnen. Entweder du gewinnst, oder du lernst aus deinen Fehlern! Wie Thomas Edison schon sagte: „Ich bin nicht 10.000 Mal gescheitert. Ich habe erfolgreich 10.000 Varianten entdeckt, die nicht funktionieren." Nun gut, ich hoffe nicht, dass du 10.000 Investments tätigst und du diese alle in den Sand setzt. Das Hauptaugenmerk liegt darauf, dass Fehler menschlich sind und du aus diesen für die Zukunft lernst.

Investiere die Menge an Kapital, bei der du dich wohl fühlst und bei der du nicht in Bredouille geraten kannst, die Aktien aufgrund von irgendwelchen anderen zukünftigen Ausgaben wieder verkaufen zu müssen. Achte abschließend darauf, dass die Transaktionsgebühren bei geringen Beträgen nicht deine Rendite auffressen. Diese Tipps hätten mir zu Beginn meines Aktionär-Daseins schon wahnsinnig geholfen.

7.3 Wie kaufe ich eigentlich eine Aktie? Verschiedene Orderarten

Die Grundbausteine sind gelegt. Wir haben unser Depot eröffnet und gelernt, wie wir Aktien bewerten können. Kauf dir bitte dennoch erst nach der kompletten Lektüre dieses Buches deine ersten Aktien, da in den nächsten Kapiteln noch wichtige Informationen folgen.
Wenn du weißt, welche Aktie du kaufen möchtest, loggst du dich in das Depot deines Brokers ein und gibst das gewünschte Unternehmen ins Suchfeld ein. Achtung: jetzt musst du möglicherweise schon darauf achten, an welcher Börse die Aktien gehandelt werden. Wenn du z.B. die Wahl zwischen der Xetra oder der Budapester Börse hast, solltest du im Normalfall über die Xetra kaufen, weil dort die Gebühren für gewöhnlich niedriger sind. Das kommt jedoch wie bereits erwähnt auf deinen Broker an. Schau also noch einmal in das Preisverzeichnis deines Brokers. Wenn du nun auf „Kauf" klickst, hast du nicht sofort eine Aktie gekauft, sondern kannst noch weitere Einstellungen wie beispielsweise die Stückzahl

eingeben. Nun steht dort etwas von Briefkurs und Geldkurs. Der Briefkurs ist für dich relevant, wenn du Aktien kaufst (=Kurs, zu dem Aktien gekauft werden). Der Geldkurs, wenn du verkaufst (=Kurs, zu dem Aktien verkauft werden).

Beim Aktienhandel kannst du nun folgende Einstellungen vornehmen:

- Auftragsart: Kauf / Verkauf
- Anzahl der Aktien
- Ordertyp: Market / Limit / Stop Limit / Stop Loss / Trailing Stop
- Betrag
- Orderdauer bzw. Gültigkeit der Order (tagesgültig, unbefristet etc.)

Bei der Anzahl der Aktien gibst du deine gewünschte Anzahl ein und bei der Auftragsart selbstverständlich Kauf. Die Orderdauer bestimmt, wie lange eine Order am Markt platziert sein soll. Hier kannst du meist zwischen tagesgültig und unbefristet wählen. Unbefristet bedeutet, dass du heute eine Order setzt - beispielsweise der Kauf eines Wertpapiers der Grünzeug AG für 18€ - und diese Order solange bestehen bleibt, bis sie tatsächlich ausgeführt wird. Wenn diese 18€-Order nur tagesgültig platziert wird und der Kurs der Grünzeug AG den ganzen Tag über 18€ steht, so wird die Order nicht ausgeführt und die Transaktion verfällt am nächsten Tag.

Bei den verschiedenen Ordertypen gibt es große Unterschiede. Hier solltest du besonders aufpassen:

Market Order: Bei der Market Order kannst du keinen Betrag eingeben. Der Kauf erfolgt zum aktuell günstigsten, verfügbaren Preis und der Verkauf zum bestmöglichen Preis. Du akzeptierst die sofortige Ausführung der Transaktion. Diese Methode empfehle ich nur, wenn du schnell agieren und sichergehen willst, dass du die Aktie auf jeden Fall bekommst, egal wie sehr sich der Preis noch zwischen Order und Ausführung ändert.

Limit Order: Da teilweise hohe sekündliche Schwankungen in einem umsatzstarken Markt vorhanden sind, empfiehlt es sich, seine Order als Limit Order zu platzieren und dadurch das Risiko von Preissprüngen zu umgehen. Bei der Limit Order gibst du einen gewissen Betrag ein, den du bereit bist, für die Aktie zu zahlen. Beim Verkauf gibst du den minimalen Preis ein, für den du bereit bist, die Aktie abzugeben. Wenn die Preise zum Zeitpunkt der Order nicht erzielt werden, bleibt die Order dennoch bestehen, solange diese gültig ist. Wenn du also beispielsweise bereit bist, die Aktie der Grünzeug AG für 18€ zu kaufen, der Preis befindet sich jedoch bei rund 20€, so wird die Transaktion nicht ausgeführt. Die Order bleibt dennoch bestehen, sofern du eine unbefristete Order eingestellt hast. Falls der Kurs also in den nächsten Tagen auf 18€ fällt, so wird deine Order ausgeführt.

Stop Limit Order: Die Stop Limit Order setzt du dann, wenn du eine Aktie kaufen willst, sobald sie über einen bestimmten Preis hinausgeht. Zusätzlich gibst du an, wie viel du maximal für die Aktie ausgeben willst.

Du gibst also in diesem Fall zwei Beträge ein. Erreicht der Kurs deine gesetzte Stop Limit Marke, wird der Auftrag zu einer Limit Order (s.o.).

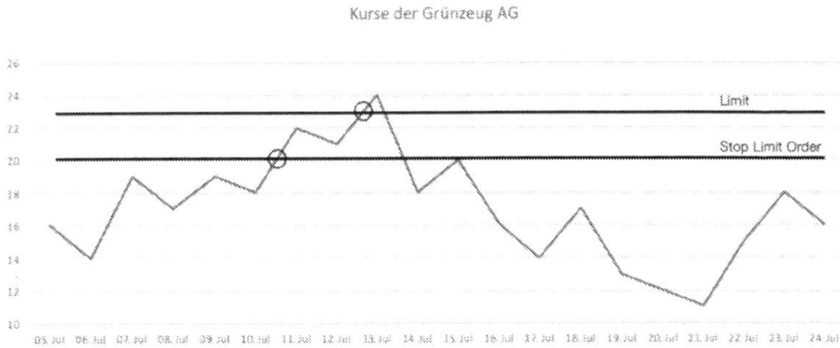

Beispiel: Du setzt deine Stop Limit Order bei 20€, dein Limit bei 23€. Der Kurs der Grünzeug AG steigt über die 20€ und die Order wird folglich ausgeführt, bevor der Kurs die 23er-Marke übersteigt. Du hast somit die Aktien erworben. Bei einem Gap hättest du die Aktie möglicherweise nicht bekommen. Ein Gap ist eine Lücke im Aktienkurs, also ein Sprung des Kurses. So etwas sieht man häufig, wenn Quartalszahlen veröffentlicht werden. Dann kann es vorkommen, dass die Grünzeug AG mit 19€ den Handel beendet und nach Börsenschluss die Quartalszahlen berichtet werden. Diese fallen sehr positiv aus und übertreffen die Erwartungen. Am nächsten Tag wird die Aktie der Grünzeug AG mit einem Eröffnungskurs von 24€ an der Börse gehandelt. So etwas nennt man einen Gap und deine Order wäre nicht ausgeführt worden, da dein Limit bei 23€ lag.

Stop Loss Order: Bei diesem umgekehrten Fall sieht die Sache ähnlich aus. Viele sichern ihre Aktien mit einem sogenannten Stop Loss ab. Das bedeutet, sobald der Kurs unter einen bestimmten Preis fällt, wird die Aktie verkauft. Aus deiner Stop Loss Order wird somit beim durchbrechen dieses Preises eine Market Order.

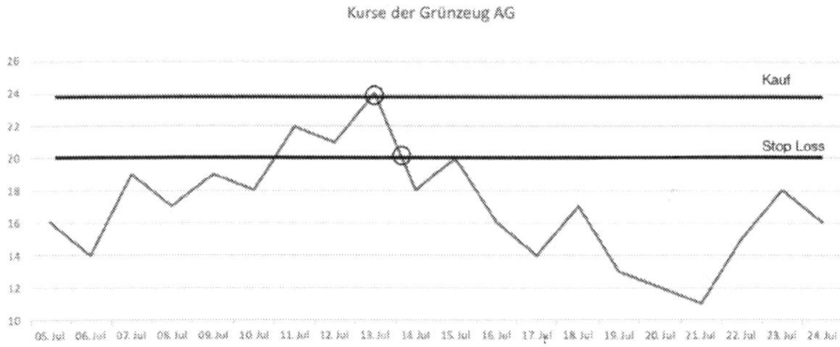

Einen solchen Stop setzt du, wenn du davon ausgehst, dass die Aktie - nachdem sie diesen Kurs durchbrochen hat - noch weiter fallen wird. So kannst du Verluste begrenzen oder laufende Gewinne absichern. Das Risiko besteht darin, dass auch hier wieder Gaps auftreten können und du deine Aktien nicht wie bei uns im Beispiel für 20€ verkaufen kannst, sondern erst zum nächstmöglichen Verkaufskurs, der dann beispielsweise 19€ betragen kann. Ein möglicher Grund wäre auch in diesem Beispiel die Veröffentlichung der Quartalszahlen nach Börsenschluss. Wenn diese die Erwartungen nicht erfüllen und die Anleger enttäuschen, fällt die Aktie im Normalfall ein gutes Stück.

Ein Beispiel für die Absicherung von Gewinnen siehst du in der folgenden Abbildung. Dort hast du für 17€ gekauft, die Aktie läuft gut und steigt sogar bis über 22€. Dann denkst du dir: Ach komm, ich hatte so eine schöne Zeit mit der Grünzeug AG, jetzt nehme ich die Gewinne mit, falls die Aktie unter 21€ fallen sollte. Du setzt deinen Stop Loss bei 21€ und sobald dieser Kurs durchbrochen wird, wird deine Aktie verkauft. So kannst du Gewinne absichern.

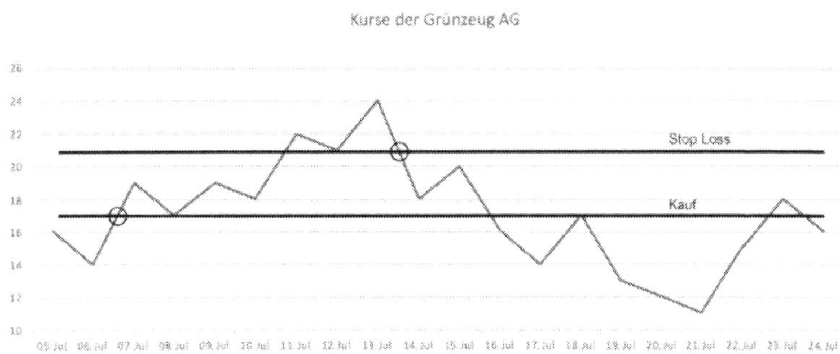

Trailing Stop Order: Bei der Trailing Stop Order handelt es sich um eine Stop Loss Order, die sich bei steigenden Kursen immer weiter nach oben anpasst. Du gibst also zwei Faktoren in deine Order ein: deinen ersten Stop Loss und den Abstand, den dein Stop Loss zum aktuellen Kurs halten soll. Der Abstand kann entweder in absoluten Zahlen oder in Prozent eingegeben werden. Du besitzt nun eine Aktie der Grünzeug AG im Wert von 20€. Diese Aktie möchtest du vor größeren Verlusten absichern, weshalb du einen Trailing Stop Loss bei 18€ setzt. Der Abstand zum aktuellen Kurs soll immer 2€ betragen. Steigt die Aktie nun auf 22€, so wird das Stop Loss automatisch auf 20€ angehoben. Steigt der Kurs auf 30€, so ist dein Stop Loss nun bei 28€. Wenn der Kurs der Aktie nun wieder sinkt, bleibt dein Stop Loss an der gleichen Stelle, also bei 28€. Sobald der Preis diese Grenze durchbricht, wird dein Auftrag zur Market Order und die Aktie wird zum bestmöglichen Preis verkauft.

Hier siehst du einen Screenshot, der einen beispielhaften Auftrag bei DEGIRO abbildet. Du siehst die Aktie, die Börse (Xetra), die eingegebene Stückzahl, deinen Ordertyp, dein Limit und den Betrag sowie die Gültigkeit der Order - in diesem Fall unbefristet. Auf der rechten Seite siehst du noch Informationen zum aktuellen Kurs der Aktie sowie den vorhin beschriebenen Geld- und Briefkurs.

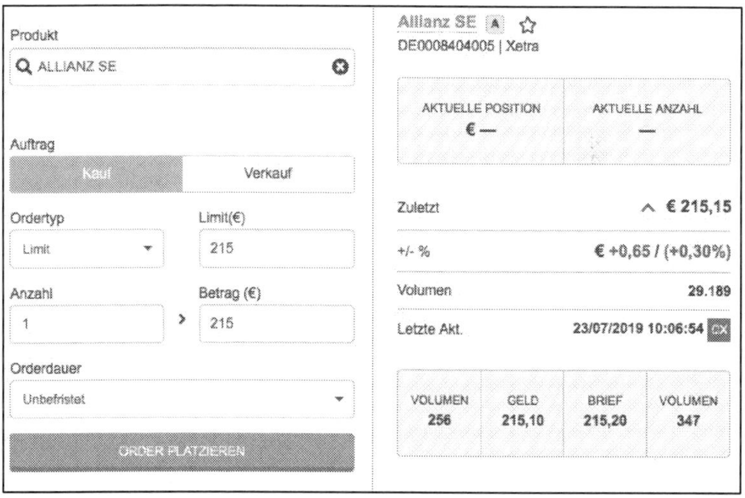

Worauf du also zusammenfassend beim Kauf einer Aktie achtest:

- Handelsplatz
- Stückzahl
- Limit/Betrag
- Ordertyp
- Orderdauer / Gültigkeit der Order

7.4 Strategien im Aktienhandel

In diesem Kapitel gebe ich dir vier Strategien an die Hand, mit denen du an der Börse investieren kannst. Such die für dich passende Strategie raus oder kombiniere diese miteinander. Niemand sagt, dass du nur auf eine Strategie setzen musst. Probiere die Strategien aus und analysiere, welche für dich am besten funktioniert.

Dividendenstrategie

Bei der Dividendenstrategie suchst du dir Unternehmen raus, die eine hohe Dividende zahlen. Dabei solltest du darauf achten, dass die Dividende möglichst stabil gezahlt wird. Es ist ein gutes Zeichen, wenn ein Unternehmen über viele Jahre hinweg eine stabile oder sogar steigende Dividende zahlt. Du solltest ebenfalls prüfen, wie sich die Unternehmen in Krisen gehalten haben und ob weiterhin Dividenden gezahlt wurden. Unternehmen aus der Konsumgüter- und Versorgerindustrie sind bekannt für hohe Dividendenausschüttungen. Zusätzlich gibt es mittlerweile Indizes, die starke Dividendentitel listen, wie beispielsweise der DivDAX.

Jede Medaille hat zwei Seiten. So muss erwähnt werden, dass aufgrund hoher Dividenden oft keine hohen Wachstumschancen bei diesen Unternehmen möglich sind. Beträge, die ein Unternehmen den Aktionären als Dividende ausschüttet, können natürlich nicht in den weiteren Ausbau des Unternehmens investiert werden. Das solltest du ebenfalls bei der Auswahl deiner Strategie beachten. Bei dieser Strategie wäre es sinnvoll, Unternehmen rauszusuchen, die nicht nur eine hohe Dividende zahlen, sondern zusätzlich noch Wachstumschancen bieten.

Value-Strategie

„Reich wird, wer in Unternehmen investiert, die weniger kosten, als sie wert sind."
– Warren Buffett

Die Value-Strategie ist sehr bekannt. Besonders geprägt wurde diese Art der Aktienanlage von Benjamin Graham und Warren Buffett. Der zentrale Fokus liegt darauf, Aktien unter ihrem eigentlichen Wert zu kaufen. Du suchst Aktien, die aktuell eher unterbewertet sind und dementsprechend langfristig ein hohes Kurspotenzial aufweisen. Hier kannst du dir besonders die in Kapitel 6 angesprochenen Tipps zunutze machen. Bei dieser Strategie wird sich besonders auf Kennzahlen wie das KGV, KUV und KCV im Branchenvergleich fokussiert und Wachstumschancen einbezogen. Wichtig ist bei dieser Strategie erneut der langfristige Fokus.

Trendfolge-Strategie

„The trend is your friend."
– allgemeine Börsenweisheit

Die Trendfolge-Strategie folgt dem Momentum einer Aktie. Wie bereits besprochen, läuft ein Trend tendenziell weiter, als dass dieser gebrochen wird. Dieses Phänomen hat psychologische Hintergründe. Wenn jede Menge Leute eine Sache tun, wird diese nicht so stark hinterfragt. Man folgt im Grunde genommen dem Herdentrieb der Masse und springt auf einen fahrenden Zug auf. Die fundamentale Analyse spielt bei dieser Strategie keine tragende Rolle.

Man fokussiert sich auf die Chartanalyse. Solange der Trend intakt ist, bleibst du investiert und profitierst vom Kurswachstum. Diese Strategie kann daher nicht als langfristig betitelt werden, da sich der Trend jederzeit ändern kann. An diesem Punkt solltest du die Reißleine ziehen und vom fahrenden Zug abspringen. Ich persönlich habe diese Strategie noch nie getestet und kann daher keine persönlich-wertende Aussage dazu treffen.

Von einem Kollegen, der ausschließlich mit dieser Strategie handelt, weiß ich jedoch, dass auch diese Art des Handelns sehr erfolgreich sein kann.

Growth-Strategie

Bei der Growth-Strategie investiert man in stark wachsende Unternehmen. Diese sind oft noch relativ klein und sehr volatil. Viele dieser Unternehmen erwirtschaften momentan noch keine Gewinne. Bei aussichtsreicher Zukunft wachsen solche Unternehmen jedoch sehr schnell und schaffen es möglicherweise, bald schwarze Zahlen zu schreiben und weiter zu wachsen. Viele Unternehmen schaffen den Sprung in die Gewinnzone jedoch nicht und melden gegebenenfalls Insolvenz an.
Wachstumsunternehmen findest du oft in der Technologie- oder Biotech-Branche. Bei fundamentaler Analyse solcher Aktien wirst du feststellen, dass Wachstumsunternehmen meist schon sehr hoch bewertet sind, da in den Kursen schon viel Zukunftsmusik eingepreist ist. Das Risiko ist bei hoher Wachstumschance natürlich auch höher als beispielsweise bei einer Dividendenstrategie, bei der man in etablierte, große Unternehmen investiert.

Ich persönlich halte es für sinnvoll, das eigene Portfolio zu diversifizieren. Mithilfe verschiedener Unternehmen aus unterschiedlichen Branchen und

Ländern lässt sich das Risiko zwar nicht komplett eliminieren, aber minimieren. Meiner Meinung nach ist es sinnvoll, verschiedene Strategien zu mischen und sowohl Dividendentitel als auch Value- und Growth-Unternehmen im Depot zu halten.

Viele empfehlen eine 80/20-Strategie. Damit ist nicht das Paretoprinzip gemeint, welches besagt, dass mit 20% des Aufwandes 80% der Ergebnisse erzielt werden und die restlichen 20% der Ergebnisse 80% des Gesamtaufwandes erfordern. Ein sehr interessantes Prinzip, welches du dir auch unbedingt mal anschauen solltest.
Mit der 80/20-Strategie ist in diesem Fall jedoch gemeint, dass man in seinem Aktiendepot zu 80% Blue Chips, Dividendentitel und Value-Unternehmen halten und zu 20% in erfolgsversprechende Growth-Unternehmen investieren soll. Die 80% gelten als relativ sicher, zahlen stabile Dividenden aus und bieten moderates Kurspotenzial. Mit den 20% kann man dann in etwas risikoreichere, aber auch erfolgsversprechende Unternehmen investieren. In diesem Fall sind kleine Unternehmen interessant, die ein enormes Potenzial für die Zukunft aufweisen.

Abschließend möchte ich noch einmal betonen, dass du für dich selbst herausfinden musst, mit welcher Strategie du erfolgreich bist. Probiere verschiedene Formen aus, vermische Strategien und gib ihnen Zeit. Niemand behauptet, dass beispielsweise eine Value-Strategie nach sechs Monaten erfolgreich ist. Ebenso kann man nicht pauschal sagen, dass eine Trendfolge-Strategie nach diesen sechs Monaten erfolgreich ist. Sei bei deinen Investments geduldig und gib deinen Unternehmen Zeit, sich am Markt zu behaupten.

8 Die goldenen Regeln im Aktienhandel

Jeder Mensch wird dir andere Regeln für den Handel mit Aktien empfehlen. Manche (besonders die Banken selbst) werden dir empfehlen, einen Experten um Rat zu bitten, andere halten von Expertenmeinungen gar nichts.

Wie sonst auch im Leben gilt bei diesen Regeln: Mach dir ein eigenes Bild und höre nicht stur auf die Meinung von Gurus, „Experten“ und auch nicht blind auf meine Ratschläge. Finde für dich heraus, was funktioniert. Ich habe im Laufe der Zeit herausgefunden, dass die folgenden goldenen Regeln für mich am hilfreichsten und erfolgreichsten im Handel mit Aktien sind.

Goldene Regel Nummer 1
Time schlägt Timing

„Wenn die Preise nicht stimmen, muss man warten. Wer jünger ist als 90, wird noch genügend gute Gelegenheiten im Leben finden – und wer älter ist, ist ohnehin ein Glückspilz.“

- Warren Buffett

Natürlich ist das Timing des Kaufs unter anderem ein Faktor für deine Performance am Aktienmarkt. Dennoch ist es wichtiger, geduldig zu sein. Anstatt den perfekten Zeitpunkt abzupassen, solltest du dich auf den langfristigen Anlagehorizont fokussieren. Den perfekten Tag für das Investment findest du sowieso nicht. Und selbst wenn du ihn findest, machst du ein paar Prozent mehr, die auf lange Sicht wahrscheinlich nur einen marginalen Einfluss auf deine Gesamtperformance haben. Umso langfristiger du anlegst, desto größer ist die Wahrscheinlichkeit, dass du Gewinne erzielst. Wenn du beispielsweise 1992 in DAX-Aktien investiert und bis 2017 gehalten hättest, hättest du eine durchschnittliche Rendite von 8,9% pro Jahr erzielt.[24] Es gibt keine Anlageklasse, die mit einer solchen Rendite mithalten kann. Schau dir gerne mal das Renditedreieck des Aktienmarktes an. Dort siehst du, dass du bei einem langfristigen Anlagehorizont im Durchschnitt immer eine ordentliche Rendite einfährst.

Goldene Regel Nummer 2

Nur Geld investieren, welches du kurzfristig nicht benötigst

„Der Farmer, der sein ganzes Saatgut aufisst, hat nichts, womit er säen könnte.“

– Bodo Schäfer

[24]https://www.dai.de/files/dai_usercontent/dokumente/renditedreieck/181231%20DAX-Rendite-Dreieck%2050%20Jahre%20Web.pdf

Diese Regel schließt sich nahtlos an die erste Regel an und passt zur Gänse-Geschichte aus der Einleitung ("Töte deine Gänse nicht"). Investiere kein Geld, welches du möglicherweise in Zukunft dringend benötigst. Das können eine Reparatur, eine neue Waschmaschine oder Möbel sein. Für solche Anlässe sollten wir unser Investment nicht auflösen. Wenn du Geld investierst, welches du vielleicht bald dringend benötigst, läufst du Gefahr, deine Aktien mit Verlust zu einem ungünstigen Zeitpunkt verkaufen zu müssen. Der Aktienmarkt geht nicht jeden Tag aufwärts und es sind auch mal turbulente Jahre an den Börsen möglich. Wenn du in solchen Zeiten aufgrund von Liquiditätsmangel Aktien verkaufen musst, ist das jammerschade. Zudem solltest du so früh wie möglich mit dem sparen bzw. investieren in Aktien beginnen, um die Macht des Zinseszinses auszunutzen. Besonders im Hinblick auf den Zinseszins ist es wichtig, dass du das Geld, welches du in Aktien investierst, nicht kurz- oder mittelfristig auszahlst, da du sonst dein eigenes Saatgut für einen starken Zins aufisst.

In diesem Zusammenhang möchte ich dir noch kurz den Belohnungsaufschub, manchen auch als Marshmallow-Test von Walter Mischel bekannt, vorstellen. Dieser beschreibt, dass auf eine direkte, kleinere Belohnung verzichtet wird, um anstelle dieser eine größere Belohnung in der Zukunft zu erhalten. Beim Marshmallow-Test wurde kleinen Kindern ein Marshmallow vor die Nase gesetzt. Diese hatten dann die Wahl, es direkt zu essen oder noch etwas zu warten, um später ein zweites zu erhalten.[25]

Die Disziplin, die dieser Belohnungsaufschub erfordert, ist ein Indikator für späteren Erfolg und positive Charaktereigenschaften. Diese Verhaltenspsychologie spielt auch am Aktienmarkt eine wichtige Rolle, da du auf kurzfristige Gewinnauszahlungen durch Aktienverkäufe verzichten solltest, um langfristig Erfolg an den Börsen zu haben (abhängig von deiner Strategie).

Goldene Regel Nummer 3

Nicht blind auf die Meinung von Experten und Bankern hören

„Wer sich nach den Tipps von Brokern richtet, kann auch einen Friseur fragen, ob er einen neuen Haarschnitt empfiehlt.“

- Warren Buffett

Ich denke, das Zitat macht schon ziemlich deutlich, weshalb du nicht auf jeden Experten oder Bankberater hören solltest. Ich möchte nicht sagen, dass alle gierig sind und dein Geld wollen. Bankberater erledigen auch nur Ihren Job und sollten im Idealfall deinen Gewinn sowie den Gewinn des Unternehmens, bei dem sie beschäftigt sind, steigern. Und da liegt

[25] https://magazin.sofatutor.com/schueler/belohnungsaufschub-der-marshmallow-mit-erfolg-zu-tun-hat/

auch schon das Problem. Sie sollten die Gewinne der Bank steigern. Natürlich ist es schön, wenn die Bank ihr Vermögen vermehrt und du deins ebenfalls. Friede Freude Eierkuchen – alles klasse. Doch so ist es oftmals nicht und du verpasst möglicherweise sehr gute Anlagechancen, wenn du dich blind auf die Empfehlungen deines Brokers oder Bankberaters verlässt. Versteh mich nicht falsch, es gibt mit Sicherheit auch exzellente Berater und erkenntnisreiche Gespräche mit diesen. Ein Beratungsgespräch wird natürlich keine negativen Auswirkungen auf dich haben. Du sammelst Erfahrungen, knüpfst neue Kontakte und trinkst womöglich noch einen ausgezeichneten Cappuccino. Ich bin jedoch der Meinung, dass du das auch, vor allem da du dieses Buch bis hierhin gelesen hast, alleine hinbekommst. Mit dem gesammelten Know-how bist du auf jeden Fall in der Lage, die zu deinen Zielen passenden Unternehmen auszuwählen und mit geeigneter Strategie zum Aktieninvestor zu werden. Wenn du ein neues Auto kaufst, kaufst du auch nicht blind den vom Verkäufer empfohlenen Wagen. Du informierst dich darüber und vergleichst diesen mit anderen Autos. Genauso gehst du auch beim Aktienkauf vor. Du informierst dich über die Unternehmen und vergleichst diese miteinander.

„Wenn alle Aktien steigen, triffst du viele Leute, die glauben, sie seien begnadete Börsenexperten."

- Peter Hohl

Ebenfalls ein einleuchtendes Zitat. Bei einer langanhaltenden Hausse behauptet selbst der Nachbar Henri Henrisson, der keine Ahnung von Börsen, Aktien und Finanzkennzahlen hat, ein Experte zu sein, da er ja schließlich eine satte Rendite einfährt. Fakt ist: Hör nicht auf jeden, der behauptet, ein Börsenexperte zu sein.

Hier ein nicht ernstgemeintes Beispiel wie du als angeblicher Börsenexperte vielen Leuten das Geld aus der Tasche ziehen kannst. Schreibe 10.000 Menschen eine Börsenprognose. 5.000 Leuten schreibst du, dass der Markt innerhalb der nächsten zwei Wochen fallen wird, den anderen 5.000 schreibst du, dass der Markt innerhalb der nächsten zwei Wochen steigen wird. Ist der Markt in den zwei Wochen gestiegen, schreibst du den 5.000 Leuten, denen du diese Vorhersage gemacht hast, erneut. 2.500 Menschen schreibst du wieder, dass die Märkte innerhalb der nächsten zwei Wochen steigen, den anderen 2.500 schreibst du, dass die Märkte fallen werden. Wow, schon wieder bei 2.500 Leuten die richtige Prognose gehabt – klasse. Das machst du jetzt immer so weiter. Nach 16 Wochen hast du noch circa 40 Ansprechpartner, denen du vier Monate lang jedes Mal die korrekte Prognose geschickt hast. Diese Leute vertrauen dir jetzt ihr Vermögen an und du machst dich mit dem Geld aus dem Staub und ab nach Thailand. Das ist natürlich nicht ernst gemeint, du siehst aber an diesem Beispiel, dass es für „Börsengurus“ durchaus möglich ist, eine breite Masse von Leuten zu täuschen. Bei Finanzberatern beispielsweise solltest du darauf achten, dass du – falls du einen benötigst – mit jemandem zusammenarbeitest, der nicht abhängig von so eng miteinander vernetzt sind, dass Notlagen eines Landes sich logischerweise auch auf andere Länder übertragen.

- **Risikodiversifizierung durch Zeit**
  Sei nicht durchgehend mit deinem gesamten Kapital investiert. Sieh zu, dass du eine Cash-Reserve hast und in einem Crash oder turbulenten Zeiten an der Börse Aktien für einen viel günstigeren Preis nachkaufen kannst.

Goldene Regel Nummer 5
Rationalität: Lass dich nicht von Emotionen leiten

„Börse ist, Nerven dort zu behalten, wo sie andere verlieren."
- Erhard Blanck

Bitte verinnerliche dieses Zitat. Das Handeln mit Wertpapieren hat mehr mit der Psychologie eines Menschen zu tun als man glauben mag. Die Verlustaversion bezeichnet das Phänomen, dass Menschen Verluste höher gewichten als Gewinne. Wir ärgern uns über einen Verlust von 500€ mehr, als wir uns bei einem Gewinn von 500€ freuen. Daher ist es wichtig, dass wir diese Emotionen weitgehend eliminieren, keine voreiligen Schlüsse ziehen und auch bei Verlusten rational handeln.

Wie bereits in Regel eins und zwei erwähnt, solltest du den langfristigen Erfolg der Aktienanlage im Blick halten. Wenn sich die Märkte in einer turbulenten Phase befinden und du mal ein dickes Minus im Depot verzeichnest, dann solltest du nicht alle Aktien für einen Spottpreis auf den Markt werfen und dein gesamtes Depot verkaufen, weil du Angst hast, die Aktien würden weiter fallen. Stell dir vor deine Aktien fallen mehrere Monate insgesamt um 80%. Natürlich bist du zunächst geschockt. Das ist eine normale Reaktion. Doch schaust du dir deine Unternehmen noch einmal genauer an, dann siehst du, dass sich die fundamentale Lage dieser nicht merklich verschlechtert hat. Du bist vor allem langfristig überzeugt, dass die Unternehmen weiterhin profitabel am Markt bleiben und auch mal eine Rezession überstehen werden. Dann ist das doch die perfekte Möglichkeit, um Aktien dieser Unternehmen für einen Spottpreis nachzukaufen und von wieder steigenden Kursen zu profitieren. Kommen wir also nun zur letzten goldenen Regel, die daran anschließt, denn „das Schöne an Aktien ist, dass man 1.000% gewinnen, aber nur 100% verlieren kann."

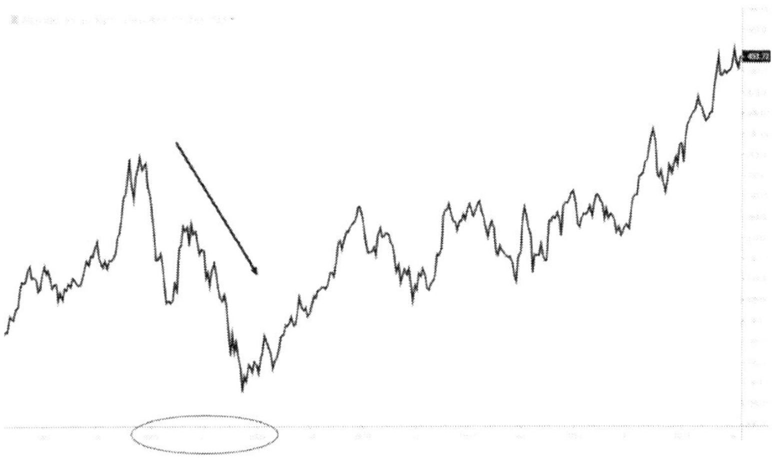

Alphabet (Google) Fundamentaldaten

1.072,2 €

WKN: A14Y6F ISIN: US02079K3059 US-Symbol: GOOGL Typ: Aktie

Übersicht Kurse Chart Kennzahlen News Forum

Bilanz/GuV Stammdaten Kompakt Vergleichen

Zeitraum: 2007 - 2012

GuV/Bilanz in Mio. USD nach US GAAP - Geschäftsjahresende: 31.12.

	2007	2008	2009	2010	2011	2012
Umsatz	16.594	21.796	23.651	29.321	37.905	50.175
Operatives Ergebnis (EBIT)	5.084	6.632	8.312	10.381	11.742	12.760
Finanzergebnis	589,60	-778,40	69,00	415,00	584,00	626,00
Ergebnis vor Steuer (EBT)	5.674	5.854	8.381	10.796	12.326	13.386
Steuern auf Einkommen und Ertrag	1.470	1.627	1.861	2.291	2.589	2.598
Ergebnis nach Steuer	4.204	4.227	6.520	8.505	9.737	10.788
Jahresüberschuss/-fehlbetrag	4.204	4.227	6.520	8.505	9.737	10.737

Fundamentaldaten entnommen von www.ariva.de

9 Fazit

Glückwunsch und vielen Dank, dass du das Buch bis hier hin gelesen hast. Ich denke, du hast nun in wenigen Stunden eine Menge über die Börse und besonders Aktien gelernt. Du hast jetzt eine solide Basis, um erfolgreich mit dem Aktienhandel und dem Aufbau deines Vermögens zu beginnen.

Ich schreibe diese letzten Worte gerade auf der afrikanischen Insel Sansibar. Auf dem fast zweistündigen, abenteuerlichen Weg zum Hotel wurde mir noch einmal einiges klar. Die Fahrer kennen keine Verkehrsregeln, am Straßenrand liegt Müll und man sieht Armut, Armut, Armut. Die Schulen sehen genau so aus, wie man sie aus Dokumentationen kennt, die Kinder spielen im Matsch oder mit aus Plastikmüll gebastelten Bällen Fußball. Ab und zu gehen Hühner, Kühe oder Ziegen über die Straße. Die Häuschen haben größtenteils keine Fenster, die Dächer bestehen aus rostigen Blechen. „We are different." sagte der Taxifahrer. Nach zwei Stunden Fahrt kommt man dann in seinem top gepflegten Luxusresort an und genießt fließend Wasser, all inclusive, besten Service und einen traumhaften Privatstrand. Nach einigen Tagen sind wir mit einem Einheimischen in das nahegelegene Dorf Nungwi gegangen und haben dort erneut einige Eindrücke sammeln können. Wir tranken Tee mit Einheimischen, gingen in eine

Schildkrötenfarm, eine Rettungsstation für gefährdete Tiere und tanzten mit den einheimischen Kindern auf der Straße. Das Lachen dieser Kinder und der gesamte Tag waren bisher einer meiner wertvollsten Erfahrungen im Leben.
Mir wurde dabei noch einmal klar, welches starke „Warum“ ich für meine Geldanlage entwickelt habe. Natürlich ist ein Grund dafür, solche Urlaube mit meiner Familie oder meinen besten Freunden genießen zu können. Die Strände hier auf Sansibar sind atemberaubend und alle Menschen unfassbar freundlich. Doch ein weiterer, für mich sehr wichtiger Grund, ist dankbar zu sein und den Menschen, die weniger haben als wir, etwas zurückgeben zu können. Ob das in Form von Spenden über eine seriöse Organisation läuft oder man im Urlaub selbst den Menschen etwas gibt oder mit ihnen etwas unternimmt.

Geld an sich ist nichts Schlechtes. Es kommt darauf an, wie das vorhandene Kapital eingesetzt wird. Zudem ist Geld nicht das Wichtigste, wird aber zum Wichtigsten, wenn man Geldprobleme hat. Es ist nun mal so, dass viele Probleme mit Kapital gelöst werden können. Lass es also gar nicht erst soweit kommen, indem du dir ein Vermögen aufbaust und dir keine Sorgen mehr über dieses Thema machen musst. Geld sollte nur ein Mittel zum Zweck sein, ein Werkzeug, mit dem du dir deine Träume erfüllen oder deine Mitmenschen unterstützen kannst.

„Jeder will etwas sein, keiner will etwas werden.“
– Johann Wolfgang von Goethe

Die meisten Menschen wollen im Hier und Jetzt leben und nichts sparen. Sie machen Konsumschulden, um sich Ihre Träume schon heute zu erfüllen und rauben sich daher jegliche Motivation. Unsere Gesellschaft versucht durchweg, die Wirtschaft anzukurbeln. Das geschieht, indem Menschen konsumieren, also Dinge kaufen. Du solltest deinen Konsum etwas zurückfahren und einen Teil deines Einkommens investieren, um deine eigene finanzielle Situation anzukurbeln. Durch Überkonsum oder Konsumschulden baust du dir kein Vermögen auf. Wir benötigen die wenigsten Dinge wirklich. Wir sagen es nur, um unsere Ausgaben vor uns selbst zu rechtfertigen. Am Ende des Monats hast du meistens dein ganzes Einkommen wie von Geisterhand ausgegeben, ohne etwas zu sparen. Daher solltest du dir unbedingt am Anfang des Monats einen gewissen Betrag beiseitelegen. Du wirst lernen, mit etwas weniger Geld auszukommen und langfristig dafür belohnt werden. Weniger ausgeben, als du einnimmst - klingt nicht gerade sensationell und neu, ist aber ein essenzieller Punkt im Prozess des Vermögensaufbaus.

Unser Lebensstandard passt sich immer unmittelbar unserem Einkommen an. Verdienen wir mehr, so passen wir auch unseren Standard nach oben an. Um diesen Anstieg der Ausgaben zu vermeiden, kannst du beispielsweise bei einer Gehaltserhöhung daraus eine halbe Gehaltserhöhung machen. 50% des Betrages, den du nun mehr bekommst, zahlst du direkt in dein Investmentkonto ein. Das funktioniert sehr gut, da du dich in diesem Moment noch nicht an dein höheres Einkommen gewöhnt und deinen Lebensstandard noch nicht daran angepasst hast. So hast du also monatlich mehr Geld zur Verfügung, sparst aber auch einen höheren Betrag.

Wir leben in einer wahnsinnig schnelllebigen Welt. Wenn du etwas essen möchtest, bestellst du innerhalb weniger Sekunden bei Lieferando. Per WhatsApp kannst du deine Freunde stets auf dem Laufenden halten, wo du dich gerade befindest und nahezu in Echtzeit kommunizieren. Bei Tinder wischen wir schnell nach links oder rechts, je nachdem ob uns eine Person gefällt, und finden so innerhalb weniger Sekunden unseren möglichen Lebensgefährten. Gut, bei Tinder wahrscheinlich eher einen Gefährten für eine Nacht. Benötigen wir irgendetwas dringend, wird über Amazon Prime unsere Lieferung schon am nächsten Tag zugestellt. In einer solchen Welt ist es oft schwer, geduldig zu sein. Wir dürfen dennoch bei der Geldanlage den langfristigen Fokus nicht aufgrund kurzfristiger Probleme verlieren. Geduld und Disziplin sind einer der Kernkompetenzen für die Aktienanlage.

Vielen Dank, dass du dieses Buch gelesen hast. Ich hoffe, es hat dir persönlich und deiner finanziellen Bildung weitergeholfen. Ich wünsche dir Gesundheit und allen Erfolg der Welt. Auf dass du vermögend wirst und mit deinem Kapital positive Dinge in der Welt bewirkst.

Beste Grüße,

Timo.

10 Vokabelheft der Börse

Rendite: Ertrag, den angelegtes bzw. investiertes Kapital innerhalb eines bestimmten Zeitraumes erwirtschaftet

Briefkurs: Kurs, zu dem Wertpapiere verkauft werden

Geldkurs: Kurs, zu dem Wertpapiere gekauft werden

Spread: Differenz von Geld- zu Briefkurs

Thesaurierend: Nicht ausschüttend, Gewinne von einer Organisation werden nicht ausgeschüttet, sondern verbleiben im Unternehmen/Fonds/ETF

SWAP: Tauschgeschäft zwischen zwei Parteien über zukünftige Zahlungsströme

Blue Chips: Aktien von umsatzstarken, großen oder führenden Unternehmen. Auch Standardwerte genannt.

Mid Caps: Mittelhoher Börsenwert, kleiner als Blue Chips. Auch bekannt als Nebenwerte, deren Marktkapitalisierung zwischen 250 Mio. und 1 Mrd. Euro liegt.

Small Caps: Kleine Börsennotierte Unternehmen mit einem Wert von unter 250 Mio. Euro. Werden auch als Nebenwerte bezeichnet.

Penny Stocks: Unternehmen, deren Aktien in lokaler Währung nicht mehr als eine Einheit beträgt (z.B: 1€). In den USA ist diese Grenze bei 5 USD.

Baisse/ Bärenmarkt: Anhaltend fallende Börsenkurse, Abwärtstrend

Hausse/ Bullenmarkt: Anhaltend steigende Börsenkurse, Aufwärtstrend

IPO: Initial Public Offering: Börsengang, erste Platzierung von Unternehmensanteilen an einer Börse

Volatilität: Intensität von Preisschwankungen bzw. Börsenkursen

Markt-kapitalisierung: Der Wert des Unternehmens (Anzahl Aktien x aktueller Aktienkurs)

BaFin: Bundesanstalt für Finanzdienstleistungen; kontrolliert die Finanzmärkte Deutschlands und versucht Verstöße zu verhindern

Aktiensplit: Die Anzahl an kaufbaren Aktien wird erhöht (Vervielfältigung der Wertpapiere). Das Unternehmen gibt das Splitverhältnis, z.B. 1:2, bekannt. Du hast dann doppelt so viele Aktien von diesem Unternehmen im Depot, der Wert je Aktie wird jedoch auch halbiert, sodass es insgesamt keinen Einfluss auf dein Vermögen gibt.
Gegenteil = Aktienzusammenlegung

Aktienrückkauf: Das Unternehmen erwirbt Wertpapiere von Aktionären zurück.

KGV: Kurs-Gewinn-Verhältnis (Aktienkurs geteilt durch Gewinn pro Aktie)

KUV: Kurs-Umsatz-Verhältnis (Aktienkurs geteilt durch Umsatz pro Aktie)

KCV: Kurs-Cashflow-Verhältnis (Aktienkurs geteilt durch operativer Cashflow pro Aktie)

Diversifikation: Verteilung bzw. Streuung des Vermögens auf mehrere Anlageobjekte

Benchmark: Vergleichswert

11 Nützliche Links

www.finanzen.net

News, Fundamentaldaten, Analysen etc.

www.finanzen100.de

News, Fundamentaldaten, Analysen etc.

www.tradingview.com

Chartanalyse / Technische Analyse

(Alle verwendeten Chartbilder sind Screenshots der Plattform Tradingview).

www.leitzinsen.info

Die Leitzinsen im Überblick

https://www.bundestag.de/resource/blob/409652/69ed4dc7fa37c7fa3158d8b5ce274584/wd-4-075-09-pdf-data.pdf

Verlauf der Finanzkrise 2008

https://service.destatis.de/bevoelkerungspyramide/

koordinierte Bevölkerungsvorausberechnung für Deutschland

www.dai.de

Veranstaltungen, Presse und Statistiken über Aktien

www.timoklein.net

kostenfreies Aktienbewertungstool

Printed in Germany
by Amazon Distribution
GmbH, Leipzig

17351978R00106